纺织服装教育"十四五"部委级规划教材

SHISHANG PINPAI JIANSHANG
时尚品牌鉴赏

主　编　吕智嫔　丁伟　　副主编　刘勤

扫二维码看部分章节的PPT

东华大学出版社
·上海·

内容简介

从时尚品牌的概念与特点、世界顶级时尚品牌文化的起源、中国时尚品牌的消费前景及消费的心理特点、经典品牌的历史传承、品牌文化、逸闻趣事、品牌识别、风格定位、经典产品等方面着手来理性地分析奢侈品市场的背景由来、文化起源，分析市场的营销策略和大众购买动机，从文化的视角着手、从鉴赏的角度出发、以提升审美品位为目的进行课程设置。通过大量的图片展示、专业的理论支撑、鲜活生动的案例分享。培养学生的综合职业能力，根据行业企业发展需要和完成职业岗位实际工作任务所需要的知识、技能、素质培养要求，使学生个人品位与内在修养方面得到双向提升，为学生可持续发展奠定良好的基础。

图书在版编目（CIP）数据

时尚品牌鉴赏 / 吕智嫔　丁伟主编；刘勤副主编.
上海：东华大学出版社，2025.9
　— ISBN 978-7-5669-2493-3

Ⅰ.F760.5

中国版本图书馆CIP数据核字第2025VD0713号

责任编辑：杜亚玲
封面设计：JOY

时尚品牌鉴赏

SHISHANG PINPAI JIANSHANG

主　著：吕智嫔　丁　伟
出　版：东华大学出版社（上海市延安西路1882号，200051）
网　址：dhupress.dhu.edu.cn
天猫旗舰店：http://dhdx.tmall.com
营销中心：021-62193056　62373056　62379558
印　刷：上海万卷印刷股份有限公司
开　本：889 mm×1194 mm　1/16　印张：12.25
字　数：320千字
版　次：2025年9月第1版
印　次：2025年9月第1次
书　号：ISBN　ISBN 978-7-5669-2493-3
定　价：88.00元

序 言

时尚，是时代脉动的镜像，是人文精神的无声表达，更是流动于我们身上的文化符号。每一件经典设计背后，都蕴藏着设计者的哲思、地域文化的滋养与时代精神的回响。这本《时尚品牌鉴赏》，正是为引领你——未来的时尚创造者与行业洞察者——深入这片丰饶而充满活力的领域而精心编撰。

本教材专为时尚艺术设计、服装设计与工程、奢侈品管理、时尚营销、时尚传媒及相关专业的本科与研究生学习量身打造。它旨在超越简单的品牌罗列，致力于搭建一个系统性的分析框架，助力学习者：

1. 解构设计语言与美学体系：通过对代表性品牌案例的深度剖析，理解不同品牌如何运用廓形、色彩、面料、工艺等元素构建其独特的设计DNA与视觉标识。

2. 洞察品牌战略与文化基因：探究品牌如何在特定的地域文化土壤中孕育、生长，其核心价值、历史传承、营销策略（如定位、叙事、传播）如何塑造其市场形象与消费者认知。

3. 把握行业格局与趋势脉络：通过国际与国内品牌的横向对比与纵向梳理，理解全球时尚版图的演变、竞争态势、消费者行为变迁以及新兴趋势的驱动因素。

4. 培养批判性思维与创新能力：提供丰富的案例作为思考的支点与辩论的素材，激发学生对设计理念、商业实践、文化表达及可持续性等议题进行深入探讨，为未来的原创设计或品牌运作积累养分。

书中精心选取了国际与国内时尚版图中具有里程碑意义或鲜明特色的品牌案例，它们仅是广袤星图上闪耀的部分星辰。我们依据品牌创立与精神归属之地域划分篇章（如欧洲、北美、东亚、中国本土等），以更清晰地展现不同文化背景、产业环境与社会思潮如何孕育出风格迥异的时尚之花。特别说明：所选品牌仅为行业生态的缩影，旨在提供多元化的学习样本；其收录不以商业排名或市场大小为序，排名不分先后，编排主要依据地域逻辑与教学分析的需要；本书初衷绝非提供权威榜单，核心目标在于为专业学习构建一个扎实、可延展的分析、比较与深度研究的参考体系。

我们深信，这些品牌故事、设计哲学与商业实践的交织，将为你打开一扇理解时尚产业复杂肌理与无限可能性的窗口。时尚的版图辽阔而常新，潮流永动不息。愿这本教材成为你探索之旅的可靠指南针，助你洞察风格密码，汲取创造灵感，最终在理论与实践的交融中，找到属于自己的时尚声音，并自信地参与到塑造行业未来的进程中。

编　者

目 录

序言

品牌的概念

1. 品牌的概念与定义 …………………………………… 002
2. 对品牌的定义分析 …………………………………… 003
3. 品牌的构成要素 ……………………………………… 006
4. 品牌的特征 …………………………………………… 008
5. 品牌的价值 …………………………………………… 011
6. 课程作业 ……………………………………………… 013

品牌鉴赏

巴黎

7. 爱马仕（Hermès）品牌介绍 ………………………… 016
8. 路易·威登（Louis Vuitton）品牌介绍 ……………… 025
9. 香奈尔（Chanel）品牌介绍 ………………………… 036
10. 迪奥（Dior）品牌介绍 ……………………………… 046
11. 巴黎世家（Balenciaga）品牌介绍 ………………… 056
12. 伊夫·圣洛朗（Yves Saint Laurent）品牌介绍 …… 062
13. 罗意威（Loewe）品牌介绍 ………………………… 069
14. 赛琳（Céline）品牌介绍 …………………………… 077
15. 纪梵希（Givenchy）品牌介绍 ……………………… 083

米兰

16. 普拉达（Prada）品牌介绍 …………………………………… 089

17. 古驰（Gucci）品牌介绍 ……………………………………… 096

18. 芬迪（Fendi）品牌介绍 ……………………………………… 106

19. 范思哲（Versace）品牌介绍 ………………………………… 111

20. 葆蝶家（Bottega Veneta）品牌介绍 ………………………… 117

伦敦

21. 博柏利（Burberry）品牌介绍 ………………………………… 122

22. 薇薇安·韦斯特伍德（Vivienne Westwood）品牌介绍 ……… 130

23. 亚利山大·麦昆（Alexander McQueen）品牌介绍 ………… 135

纽约

24. 拉夫·劳伦（Ralph Lauren）品牌介绍 ……………………… 143

25. 迈克·高仕（Michael Kors）品牌介绍 ……………………… 149

26. 卡尔文·克雷恩（Calvin Klein）品牌介绍 ………………… 154

东京

27. 三宅一生（ISSEY MIYAKE）品牌介绍 ……………………… 159

28. 山本耀司（Yohji Yamamoto）品牌介绍 ……………………… 165

29. 川久保玲（Comme des Garçons）品牌介绍 ………………… 170

本土国风

30. 李宁（Li Ning）品牌介绍 …………………………………… 177

31. 例外（Exception）品牌介绍 ………………………………… 180

32. 盖娅传说（Heaven Gaia）品牌介绍 ………………………… 183

参考文献 187

品牌的概念

1. 品牌的概念与定义

扫二维码看PPT

1.1 品牌的起源

品牌的起源可以追溯到古代的希腊语，在希腊语中，"品牌"（Branding）的原意是指通过烙铁在牲畜，特别是马匹身上留下的印记。这种印记不仅是用于区分牲畜的所有者，更是一种在视觉上明确的标志，用来表示归属和所有权。这一做法传达出品牌的核心意义，即通过可视化的符号在目标受众或消费者心中留下深刻的印象，从而实现产品或服务与竞争对手的区隔（图1-1）。

现代的品牌不再仅仅是烙铁印记的延续，它已经演变成了企业文化、产品质量、消费者体验等多维度的象征。在品牌化的过程中，企业不仅希望通过品牌识别商品，还希望通过品牌传递价值观、文化以及承诺，从而在消费者心中建立起长久的印象与忠诚度。

图1-1 品牌印记

1.2 国外学者对品牌的定义

国外的品牌理论奠定了许多现代品牌管理的基础。以下是《牛津大辞典》及几位重要学者对品牌的定义与阐述：

- **《牛津大辞典》**

图1-2 大卫·艾克

  - 品牌被定义为"用来证明所有权，作为质量的标志或其他用途的符号。"这一解释将品牌与其最初的功能结合起来，强调了品牌在区分产品和证明产品质量方面的重要作用。

- **大卫·艾克（David Aaker）（图1-2）**
  - 大卫·艾克是品牌管理领域的先驱，他指出，品牌是由符号、标记（图形、颜色、数字、语言）等元素组成的复杂组合。这些符号在消费者识别品牌时起到直观的作用，有助于消费者在面对大量商品时迅速辨认出品牌所代表的生产者或销售者。这一理论强调品牌在商业竞争中的视觉区分功能。

- **大卫·奥格威（David Ogilvy）（图1-3）**
  - 被誉为"广告教父"的奥格威认为，品牌是一个复杂的符号，远不止是细微的产品差异。他指出："品牌是整体形象的集合体。"在他看来，品牌包括产品的品质、名称、包装、价格、历史、声誉以及其广告方式等多个方面。这一定义拓宽了品牌的范围，将品牌视为一个无形的综合体，整合了产品与品牌相关的所有元素。

1.3 国内学者对品牌的定义

在中国，随着市场经济的发展，品牌的概

图1-3 大卫·奥格威

念逐渐引起学术界和企业界的重视。以下是几位国内学者对品牌的解读：

- **杨欢进**
  - 杨欢进认为，品牌无疑是商品的标识与商标。品牌在商品的身份认证与法律保护方面扮演了关键角色。杨欢进的观点较为传统，将品牌直接与商标联系起来，强调品牌在市场中区别于其他商品的功能。
- **王海涛等**
  - 王海涛等人从多层次的角度阐述了品牌的定义。他们认为品牌包括三个层次的内涵：法律意义上，品牌是一种商标，具有法律保护作用；经济或市场意义上，品牌是一种"金字招牌"，能代表高品质；文化或心理意义上，品牌是一种口碑、品味与格调。这种多层次的定义强调了品牌不仅仅是商标，更是一种能产生文化价值和消费者情感共鸣的象征。
- **何君**
  - 何君的观点更进一步，将品牌视为营销价值资讯的载体。他认为品牌不仅是企业产品的标志，还代表了特定的产品品质、风格、服务水平和流行时尚等信息。当消费者广泛接受这些信息时，品牌便在他们心中成为特定消费价值与情感的象征。何君的定义赋予了品牌更丰富的营销意义，强调了品牌在消费者心中创造情感联系和品牌忠诚度的重要性。

2. 对品牌的定义分析

品牌的定义不仅限于外在的符号，它是产品与消费者之间建立联系的核心媒介。通过对品牌的深入分析，可以更全面地理解品牌的多维特性。以下将从品牌的可视性标志、品牌的承诺与保证以及品牌作为重要资产三个方面进行详细分析。

2.1 品牌的可视性标志

品牌首先是一种可视性标志，即通过名称、符号、标记、图案等外在元素来传达其独特的形象。这些符号不仅起到了区分产品的作用，还赋予了品牌个性，使其在市场中显得与众不同（图2—1）。

- **可视性标志的功能**
  品牌作为一种视觉符号，能够让消费者在购买决策时迅速识别出某一特定商品。例如，全球知名品牌耐克的"勾"标（Swoosh）和苹果的苹果标志，都是极具辨识度的品牌符号。消费者通过这些标志可以迅速联想到品牌的核心价值、产品品质及品牌承诺。
- **长期的专用权**
  品牌的可视性标志通常由销售者或制造者通

图 2-1　品牌的可视性标志

过法律途径注册获得专用权。这意味着品牌的符号、商标、名称等在法律层面受到保护，其他企业或个人不得擅自使用。这不仅保护了品牌的独特性，还为品牌建立起了法律屏障，防止竞争对手仿冒品牌形象。

可视性标志为品牌提供了直接的市场区分能力。通过对品牌符号的记忆，消费者可以快速地在众多产品中辨别出该品牌，并建立与品牌之间的情感连接。

2.2　品牌的承诺与保证

品牌不仅是产品的外在符号，更是一种承诺与保证。它是通过一系列整合营销活动所构建的品牌形象，承载了产品的特色、利益、质量等方面的承诺。一个强大的品牌能够通过其传递的承诺来赢得消费者的信任，并使消费者在选择时产生安全感和信心。

- **品牌的承诺**

品牌向消费者传递的是产品的核心价值和独特的卖点。例如，瑞士手表品牌劳力士承诺为消费者提供精确、耐用且富有社会地位象征意义的手表；耐克承诺通过其产品激励消费者追求卓越的运动表现。这些承诺是品牌通过其市场定位、广告宣传等方式与消费者建立起的契约。

- **品牌的保证**

品牌也在消费者心目中建立起了对产品质量和服务的保证。例如，消费者购买某些高端品牌产品时，往往会对该品牌所代表的卓越品质和优质服务产生较高的期待。苹果公司便通过持续的技术创新、简洁易用的设计风格和卓越的售后服务体系，为消费者提供了一个始终如一的优质体验。因此，品牌通过其承诺与保证，能够帮助消费者减少选择时的不确定性。

根据菲利普·科特勒的观点，品牌应该向消费者传递六种核心承诺：产品的特性、利益、价值观、文化特征、顾客所喜欢的个性以及指明使用者。这些承诺与保证不仅塑造了品牌的形象，还使消费者在选择品牌时感受到某种安全感和归属感，从而增加品牌的忠诚度。

2.3 品牌是重要资产

品牌不仅是企业与消费者互动的工具，更是一种重要的无形资产，为企业提供长期的竞争优势。在当今市场上，随着产品同质化的加剧，品牌的重要性愈加凸显。强大的品牌不仅能提升企业的市场份额，还能够为企业带来丰厚的经济回报。

- **品牌的无形资产价值**

  品牌作为企业的无形资产，能在不依赖具体产品的情况下创造巨大的经济效益。许多知名品牌即使不生产商品，其品牌名称本身也具有巨大的市场价值。例如，可口可乐品牌的市值远远超过其生产的饮料本身。品牌的知名度、美誉度等因素都使其具备了巨大的无形资产价值。一个成功的品牌在消费者心中已经形成了深刻的认知和情感联系，这种无形的价值不仅能提高产品的溢价能力，还可以帮助企业在竞争中获得更多的市场份额（图2-2）。

- **品牌的独立性与获利能力**

  强大的品牌不仅可以依赖产品获取利润，甚至可以脱离具体的产品而存在。这意味着品牌本身具备了一种独立的商业价值，可以通过品牌授权、品牌延伸等方式实现盈利。例如，迪士尼作为一个全球知名品牌，不仅通过其影视作品赢得了市场，还通过品牌授权扩展至主题公园、玩具、服装等多个领域。品牌的独立性使其成为企业在市场上持续获利的核心竞争力。

- **品牌的核心竞争力**

  品牌的构建过程并不是一蹴而就的，而是通过长期的市场积累、产品质量保证和营销活动逐步实现的。随着品牌价值的不断积累，品牌成为了企业竞争的核心力量。例如，谷歌、苹果等品牌通过其强大的品牌效应，不仅在市场中占据了领先地位，还形成了强大的用户黏性，其他竞争者很难超越。这种无形资产为企业在市场竞争中提供了持久的优势和保护。

图2-2 可口可乐品牌演变

3. 品牌的构成要素

品牌是一个复杂的多维符号，既包括消费者可以直接感知的外在特征，也包含那些隐藏于品牌背后的文化与价值观。为了更好地理解品牌的本质，通常将品牌的构成要素分为显性要素和隐性要素两部分。显性要素能够直接影响消费者的感知和记忆，而隐性要素则是品牌的精神内核，潜移默化地影响消费者的认知与情感。

3.1 显性要素

显性要素是品牌外在的、具体的部分，能够直接给予消费者强烈的视觉或感官冲击。它们构成了品牌的"视觉语言"，帮助品牌在市场中被识别、记住并与竞争对手区分开来。

- **品牌名称**
  - 品牌名称是品牌最基本的元素之一。一个好的品牌名称应具有高度辨识度，能够在短时间内被消费者记住。比如，"苹果"（Apple）这一品牌名称既简洁，又富有象征意义，传递出简洁、优雅和科技感的品牌形象（图3-1）。

- **品牌标志**
  - 品牌标志（Logo）通常是品牌视觉识别系统中的核心元素。标志可以是图案、字母或符号的组合，旨在通过视觉上的独特设计来吸引消费者的注意，并与品牌的整体形象相匹配。像耐克的"勾"标（图3-2）和麦当劳的"金色拱门"都具有高度的识别性和影响力。

- **图标与符号**
  - 一些品牌使用特定的图标或符号来增强其品牌的独特性。这些图标不仅仅是品牌的标志性设计，往往也传递了品牌的理念或价值。例如，特斯拉的图标不仅代表了品牌名称的首字母"T"，还隐含了电动机的横截面形状，象征着科技与创新（图3-3）。

图3-1 苹果品牌演变

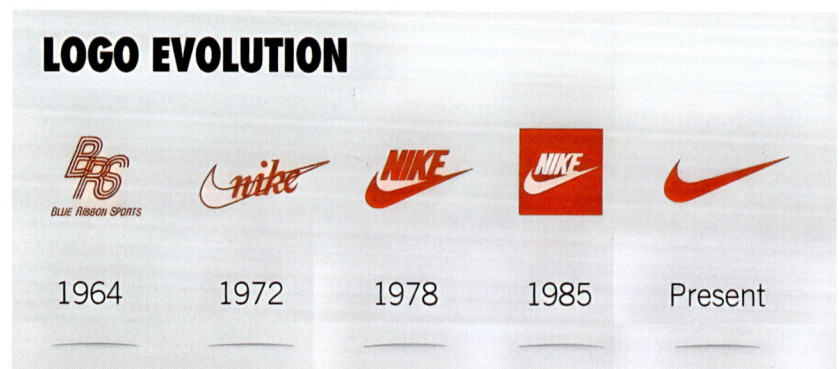

图3-2 耐克品牌标志演变

- 标准色
  - 品牌通常使用一种或几种特定的颜色作为其标准色，目的是通过颜色的视觉识别来传达品牌的个性和气质。标准色不仅在品牌的标志中使用，也会在其产品包装、广告宣传、店铺装修等各个方面得到广泛应用。举例来说，星巴克的绿色象征着环保、健康与可持续发展（图3-4），而可口可乐的红色传递了热情、能量与愉悦感。
- 品牌包装
  - 包装是品牌与消费者接触的最直接的方式之一，往往被认为是品牌的"静默销售员"。优秀的品牌包装不仅能够提升产品的吸引力，还能通过质感、色彩、设计等要素来强化品牌的定位。例如，苹果的产品包装以简约、现代为特点，传递了品牌一贯的科技与时尚感。
- 广告与品牌宣传
  - 广告作为品牌沟通的重要工具，是品牌显性要素的重要组成部分。广告不仅要传递品牌的核心信息，还要通过创意和表现手法在消费者心中留下深刻印象。例如，奔驰的广告通过奢华感与卓越品质的表现手法，强化了其在高端市场的品牌定位（图3-5）。

显性要素通过形象化的设计与传播手段，塑造了品牌的第一印象，帮助消费者通过视觉、听觉甚至触觉来记住品牌，并与品牌建立联系。这些外在元素在品牌传播中的作用至关重要，因为它们直接影响消费者对品牌的初步感知和情感反应。

3.2 隐性要素

与显性要素不同，隐性要素是品牌内在的、抽象的部分，它们无法通过直接感官感知，但

图3-3　特斯拉品牌标识

图3-4　星巴克品牌标识

图3-5　奔驰广告

对品牌的长期发展至关重要。隐性要素决定了品牌的核心精神和价值观，塑造了品牌的深层次个性，并在消费者心中留下持久的影响。

- **品牌承诺**
  - 品牌承诺是品牌对消费者的明确保证，通常涵盖产品质量、服务水平以及消费者对品牌的期望。这种承诺是品牌与消费者之间的契约，一旦品牌承诺得到了兑现，它会极大地增强消费者对品牌的信任与忠诚。例如，宜家的品牌承诺是为消费者提供"设计优良、价格实惠的家居产品"，这一承诺成为其全球市场成功的基石。
- **品牌个性**
  - 品牌个性是品牌在人们心目中表现出来的"人性化"特质。一个品牌可能被赋予某种特定的个性，比如稳重、创新、激情、自由

等，这些特性可以通过产品、广告、包装等传递给消费者。比如，哈雷-戴维森（Harley-Davidson）摩托车以"自由"和"叛逆"闻名，品牌个性深入人心。消费者购买哈雷摩托车不仅是购买交通工具，更是在追求一种独特的生活方式和精神信仰（图3-6）。

图3-6　哈雷摩托车品牌标识

- **品牌体验**
  - 品牌体验指的是消费者在使用品牌产品或享受品牌服务时的整体感受。它包括了从购买前的期望到购买后的满意度，涵盖了所有与品牌互动的环节。成功的品牌体验会使消费者对品牌产生深刻的情感联结，从而形成强大的品牌忠诚度。迪士尼乐园的品牌体验就是一个典型的例子，从乐园的环境设计到员工的服务质量，迪士尼始终致力于为消费者提供"梦幻与童真"的体验，这使得消费者对品牌充满了依赖和忠诚。

- **品牌核心价值**
  - 品牌核心价值是品牌所倡导的理念和信仰。它代表了品牌的内在精神与文化，也决定了品牌的整体定位。例如，耐克的品牌核心价值是"Just Do It"，传达了积极向上、勇于挑战自我的体育精神。这一核心价值不仅影响了耐克的产品设计与广告宣传，也渗透到了其品牌的方方面面，成为全球运动爱好者心中的标杆。

- **品牌文化**
  - 品牌文化是品牌在长期发展过程中逐渐积累并内化的独特文化内涵。它反映了品牌的经营理念、社会责任以及与消费者之间的互动关系。苹果公司不仅是一家科技公司，它还创造了一种"创新与设计至上"的品牌文化，这种文化吸引了一大批忠实的"果粉"，他们不仅购买苹果的产品，还认同并参与到苹果的文化之中。

隐性要素是品牌的灵魂和核心，它不仅赋予品牌独特的个性，还通过品牌文化、价值观和体验形成与消费者之间的深层次联系。这些内在的、难以量化的因素在品牌长期发展中起着决定性作用，是品牌持久成功的关键。

4. 品牌的特征

品牌是一个复杂的概念，其特征多维且多层次。品牌不仅具有自然和社会文化双重属性，还表现出无形性、专有性和排他性，以及潜在的风险性和不确定性。理解品牌的这些特征有助于更好地掌握品牌在市场中的重要作用与地位。

4.1 品牌的双重特性

品牌兼具自然属性和社会文化属性，这使得品牌在消费者心目中不仅仅是一种产品或服务的代名词，还承载了更多的文化、情感和社会象征意义。

- **自然属性**
  - 自然属性指的是品牌所代表的产品或服务的功能性特征，即消费者对品牌在生理和实用层面的直接感知。例如，消费者对香奈儿（Chanel）香水的感知，可能首先来自于其独特的气味，这种物理特性能够直接影响消费者的购买决策。另一个例子是汽车品牌特斯拉，其自然属性包括电动汽车的动力性能、科技配置和续航能力等，这些显著区别于传统燃油汽车的特性成为消费者选择特斯拉的重要依据。

- **社会文化属性**
  - 社会文化属性则是品牌通过产品与消费者之间的互动，所传达出的文化、情感和身份象征。这种属性更多地体现在消费者对品牌的心理体验和社会认同感上。品牌不仅满足消费者的物质需求，还满足了他们的情感需求。例如，购买一款劳力士（Rolex）手表，消费者除了获取精密的计时功能外，还获得了社会地位和身份的象征，进而产生自我满足感与成就感。这种社会文化属性使得品牌超越了其产品本身，成为消费者身份、品位和价值观的代表（图4-1）。

图4-1 劳力士手表

品牌的双重特性表明，品牌不仅在功能层面上为消费者提供差异化的体验，还在心理层面上通过文化和情感的传递与消费者建立起深层次的联系。

4.2 品牌的无形性

品牌是一种无形资产，它的价值不依赖于产品的实物形态，而是通过产品或服务的高质量表现和市场定位来获得。品牌通过长期积累的知名度、美誉度和消费者信任，形成了企业的核心竞争力。品牌的无形性体现在以下几个方面：

- **市场影响力**
  - 品牌通过长期的市场推广和消费者的认可，逐渐在市场中占据一席之地。尽管品牌本身没有具体的物质形态，但它可以通过不断为企业创造利润而具备巨大的市场价值。例如，可口可乐（Coca-Cola）的品牌价值远超其产品的物理成本。品牌知名度和美誉度形成的市场影响力，使企业在市场竞争中占据主导地位。

- **品牌资产的可交易性**
  - 品牌作为无形资产，可以像有形资产一样被交易。许多知名品牌通过品牌授权、品牌延伸等方式，将品牌本身作为一种独立于产品的资产进行商业运作。例如，迪士尼（Disney）通过品牌授权，将其角色形象应用于玩具、服装、日用品等领域，品牌的无形价值得以在更多领域实现盈利（图4-2）。
  品牌的无形性使其成为企业不可忽视的重要资产。通过品牌的高价值和强大的市场号召力，企业可以获得更高的市场份额和更大的竞争优势。

4.3 品牌的专有性和排他性

品牌的专有性和排他性是品牌保护机制中的核心内容。企业通过商标注册、专利保护等法律手段，确保其品牌的独特性和专有性，防止其他企业或个人的侵权行为。

- **专有性**
  - 品牌的专有性体现在企业对品牌符号、名称、标志等的专有使用权上。通过商标注册，企业可以确保自己拥有品牌的独家权利，任何未经许可的使用都将被视为侵权行为。例如，苹果公司通过其苹果商标和相关专利技术，维护了其产品和品牌在全球市场的独特地位。

- **排他性**
  - 品牌的排他性意味着只有品牌所有者才有权使用该品牌进行商业活动。通过品牌保护措施，企业可以在市场中排除仿冒和侵权行为，确保其品牌的唯一性。例如，路易·威登（Louis Vuitton）在全球范围内采取了严格的法律措施，打击假冒其品牌的商品。这些排他性措施不仅保护了品牌的市场价值，还提升了品牌在消费者心中的可信度和独特性。

品牌的专有性和排他性为企业建立了竞争壁垒，使其能够在市场中保持品牌的独特性，避免品牌价值被稀释或侵占。

4.4 品牌的风险性和不确定性

尽管品牌可以为企业带来巨大的市场优势和利润，但品牌的运营也伴随着风险性和不确定性。这些风险主要源自市场环境的变化、消费者偏好的转移以及企业内部管理的失误等。

- **市场变化**
  - 品牌的价值受市场环境的影响较大。市场需求的波动、竞争对手的崛起、消费者偏好的变化，都可能导致品牌的市场份额和价值产生剧烈波动。例如，诺基亚（Nokia）曾是全球领先的手机品牌，但由于未能及时应对智能手机的兴起，其品牌价值在短时间内大幅下降。市场变化对品牌的风险性具有重大影响，企业需要时刻关注市场动向，适时调整品牌战略。

- **企业营销失误**
  - 企业在品牌管理和营销活动中的失误，也可能导致品牌价值的贬损。品牌的声誉需要长期维护，但如果企业的产品质量下滑、营销活动失策，品牌可能会迅速失去消费者的信

图4-2 品牌授权联名

任。例如，某些汽车品牌因质量问题导致大规模召回，严重影响了品牌的声誉和消费者对品牌的忠诚度。品牌价值的维护需要企业在市场营销、产品质量、售后服务等多个环节保持高度一致的执行力。

- **品牌贬值的可能性**
  - 如果企业未能及时更新产品或服务，品牌价值可能随着时间的推移而逐渐下降。特别是在科技行业，技术的迅猛发展使得品牌面临更新换代的压力。企业需要不断创新和升级，以确保品牌能够适应市场的变化，保持其竞争力。

品牌的风险性和不确定性提醒企业，品牌管理不仅仅是创造品牌的过程，更是持续维护和不断更新品牌形象的过程。在瞬息万变的市场环境中，品牌的成功依赖于企业对市场趋势的敏锐把握以及对品牌价值的持续管理。

5. 品牌的价值

品牌的价值不仅体现在企业的市场地位与声誉上，更是企业获取竞争优势的重要源泉。强大的品牌能够为企业带来巨大的经济利益，同时增强企业的市场话语权和竞争力。品牌的价值可以从多个方面进行探讨，特别是它如何为企业带来竞争优势和溢价能力。

5.1 品牌带来的竞争优势

品牌是企业在市场竞争中的核心资产，能够为企业带来多重竞争优势。通过品牌知晓度和品牌忠诚度的提升，企业能够大幅减少营销成本，增强谈判和定价能力，进而在市场中占据有利位置。

- **品牌知晓度的提升**
  - 品牌知晓度是指消费者对品牌的认知程度。一个高知名度的品牌能够让消费者在大量竞争产品中迅速识别出来，并优先考虑购买。品牌知晓度的提升能够为企业带来更广泛的市场覆盖，从而减少推广新产品或服务的成本。全球知名品牌可口可乐、耐克或苹果公司，几乎不需要为其品牌进行过多的基本宣传，消费者已经对这些品牌产生了高度的认知。知晓度越高，企业的营销投入相对越少，反而能够获得更多的市场回报。

- **品牌忠诚度的增强**
  - 品牌忠诚度是指消费者对某一品牌的持续偏好和重复购买行为。当消费者对品牌产生忠诚，他们不仅会优先选择该品牌的产品，还可能成为品牌的"代言人"，向他人推荐。这种忠诚度降低了企业的市场营销成本，因为企业无需过多投入来争取已经忠诚的消费者，同时消费者的推荐行为也能够为品牌带来更多潜在用户。例如，苹果公司拥有一批极其忠诚的用户，他们不仅自己反复购买苹果的产品，还积极参与品牌活动，成为品牌的自发推广者。

- **谈判筹码的增加**
  - 强势品牌在与供应商、分销商、投资者以及其他商业伙伴的谈判中拥有更强的议价能力。供应商愿意以更优惠的条件与知名品牌合作，因为他们相信强大的品牌能够带来更稳定的订单和长期的商业关系。分销商也愿意为强大品牌提供更多的销售渠道和展示空间。例如，奢侈品牌路易·威登和爱马仕，因其品牌的强大影响力，在选择合作伙伴时能够拥有更多的主动权。

- **定价能力的提升**
  - 强大的品牌可以通过品牌效应提升其定价能力。品牌通过其高品质、良好的口碑和消费者的信任，能够在市场中以高于竞争对手的价格销售产品，而消费者仍愿意为品牌支付溢价。例如，苹果的 iPhone 系列产品因其品牌声誉和卓越的用户体验，能够在激烈的智能手机市场中保持较高的价格水平。消费者不仅愿意为产品本身的功能支付高价，也愿意为品牌带来的社会认同感和情感价值支付溢价。

综上所述，品牌带来的竞争优势通过知晓度、忠诚度、谈判能力和定价能力的提升，帮助企业在市场中处于更为有利的位置，降低了企业的运营成本，同时提高了盈利能力。

5.2 品牌溢价

品牌溢价是指消费者愿意为品牌支付的额外价格，这一部分价格超出了产品或服务的实际生产成本。品牌溢价不仅反映了品牌的市场影响力和消费者对品牌的认可，还体现了品牌作为无形资产的巨大商业价值。

- **品牌溢价的体现**
  - 当一个品牌在消费者心中形成了强大的认知和情感联系时，消费者往往愿意为该品牌的产品支付比竞争对手更高的价格。以耐克（Nike）为例，同样质量的鞋，如果不贴上耐克品牌，其市场价格可能只有耐克品牌鞋的 1/20 到 1/15。耐克通过品牌的宣传和塑造，将运动精神、创新科技以及品牌文化与其产品紧密结合，消费者愿意为这些附加价值支付更高的价格。这种溢价不仅来源于产品本身的质量，还包括品牌所带来的情感、身份和价值认同。

- **品牌溢价的例子**
  - 不同品牌在同一产品类别中的价格差异清晰地展示了品牌溢价的效应。例如，贴有皮尔卡丹（Pierre Cardin）品牌的西装，尽管由相同的工厂和材料生产，价格却可以比没有品牌的西装高出数倍。天津伟志西服的高档系列，一套西服的价格为 1 000 元左右，而给皮尔卡丹做贴牌后，价格可以高达 5 000 多元。这表明，消费者不仅愿意为产品的实物质量付费，还愿意为品牌的象征意义和附加价值买单。

- **品牌溢价的来源**
  - 品牌溢价的核心在于品牌的无形资产。这些无形资产包括品牌的知名度、美誉度，产品的独特性以及消费者的品牌忠诚度。消费者通过品牌获得的不仅是产品本身的功能性价值，还包括心理和社会层面的满足感。例如，奢侈品牌香奈儿（Chanel）的产品以其独特的设计、精湛的工艺和品牌历史而著称。消费者购买香奈儿的产品，不仅是为了获得优质的服装或饰品，更是为了表达个人品味、身份和生活态度（图 5-1）。

图 5-1　香奈儿时尚秀广告

图 5-2　普拉达与古驰手袋

- **品牌溢价的意义**
  - 品牌溢价是品牌对企业的直接经济贡献之一。通过提高产品价格，企业能够获得更高的利润率和更强的市场竞争力。品牌溢价还可以为企业带来更强的抗风险能力，即使在市场竞争激烈或经济不景气时，强大的品牌溢价也能帮助企业保持一定的盈利水平。奢侈品牌如普拉达（Prada）和古驰（Gucci），即使在全球经济下滑的情况下，依然能够维持其高定价和销售业绩，这得益于其强大的品牌溢价能力（图 5-2）。

6. 课程作业

作业要求

根据本课程所学的品牌概念、品牌定义分析、品牌构成要素、品牌特征及品牌价值等内容，学生需要结合理论知识，选择一个符合品牌定义的时尚品牌，分析该品牌的主要特性，并通过手抄报或PPT形式展示。

作业目标

通过完成此次作业，学生将能够：

1. 加深对品牌概念及其构成要素的理解，掌握品牌的基本特征与价值。
2. 运用所学知识，对真实的时尚品牌进行分析和总结，培养品牌鉴赏能力。
3. 提升创意思维和表达能力，通过手抄报或PPT设计展示出品牌的独特特性与风格。

作业内容

1. 品牌选择

- 学生需要在全球或本地市场上选择一个符合品牌定义的时尚品牌。所选品牌可以是奢侈品品牌（如香奈儿、古驰、路易·威登），也可以是潮流时尚品牌（如耐克、阿迪达斯、优衣库），或任何具有代表性并能体现品牌特征的时尚品牌。
- 建议学生选择他们熟悉并感兴趣的品牌，这将有助于提升他们的分析深度与展示效果。

2. 品牌特性分析

学生需根据所学内容，列举并分析该品牌的以下特性：

- 品牌的显性要素：品牌名称、标志（Logo）、图标、标准色、广告风格等。说明这些显性要素如何帮助该品牌在市场中与众不同，如何塑造品牌形象，并给消费者带来直观的感受。
- 品牌的隐性要素：品牌承诺、品牌个性、品牌体验等。讨论品牌如何通过这些隐性要素影响消费者的心理与情感，如何传递品牌的核心价值与文化内涵。

- 品牌的特征：分析品牌的双重属性（自然属性与社会文化属性），并解释品牌如何通过这些特性赢得消费者的青睐。可以举例说明该品牌如何满足消费者的生理需求，同时通过品牌文化、形象和身份象征满足消费者的心理需求。
- 品牌的价值：探讨该品牌如何通过品牌知晓度、品牌忠诚度等建立竞争优势，如何通过品牌溢价为企业带来高额利润。可以引用具体的产品或营销案例说明品牌的市场影响力与溢价能力。

3. 展示形式

学生可以选择以下两种方式展示分析结果：

- 手抄报形式
  - 手抄报要求内容丰富、结构清晰，采用创意和图文并茂的方式展示品牌分析。
  - 可包括品牌标志、广告图片、品牌产品照片等视觉元素，通过手绘或剪贴增强手抄报的视觉冲击力。
  - 注意布局美观，内容表达清晰，且能够在视觉上吸引观众。
- PPT形式
  - PPT要求设计合理，注重排版和美观。内容要简洁明了，通过图表、图片和文字结合的方式展示品牌分析。
  - 每一页PPT应具有鲜明的主题和清晰的内容结构，既要传达分析的要点，又要具备良好的视觉效果。
  - PPT的色彩、字体、图片等元素的搭配需与品牌的风格相契合，体现出设计性和表现力。

作业评分标准

作业将根据以下标准进行评分：

1. 内容完整性（30%）：是否完成了对品牌显性要素、隐性要素，以及品牌特征和品牌价值的全面分析，是否能够结合理论知识进行有效的阐述。

2. 分析深度（30%）：是否能够通过实际品牌案例深入探讨品牌的特征与价值，是否能结合具体的品牌活动或产品举例说明。

3. 创意表达（20%）：是否通过手抄报或PPT形式展示出创意，是否能够通过图文并茂的方式吸引观众的注意力，展示内容是否清晰易懂。

4. 设计美观性（20%）：手抄报或PPT的整体设计是否美观，布局是否合理，色彩、字体、图片等搭配是否和谐，是否能够体现出品牌的风格与特性。

参考提示

1. 在选择品牌时，建议同学们先做一些市场调研，了解所选品牌的背景和发展历史，并获取相关的品牌资料，包括品牌标志、广告、产品等。

2. 在分析品牌时，要注意将理论知识与实际品牌活动相结合。比如分析耐克时，可以引用其经典广告"Just Do It"及其代言运动员的故事，讨论品牌如何通过体育精神赢得消费者忠诚。

3. 在展示形式上，学生可以尝试通过多种表现手法提升作业的创意性。例如，手抄报可以尝试用不同的材质和颜色制作；PPT可以借助视频、动效等增强互动性。

作业提交

请同学们在规定时间内完成作业，并以以下方式提交：

1. 手抄报：可拍摄清晰照片提交电子文件，也可以在课堂上展示实物。

2. PPT：将电子文件上传至指定的课程平台或通过邮件提交。

品牌鉴赏

巴黎

7. 爱马仕（Hermès）品牌介绍

品牌创立期（1837-1920）

1837年，在法国巴黎，一位名叫蒂埃里·爱马仕（Thierry Hermès）的年轻工匠开设了一家小型马具作坊。这家作坊专门为当时的贵族阶层制作高品质的马具和马鞍。蒂埃里对皮革工艺的精湛技艺和对品质的不懈追求，很快赢得了巴黎上流社会的青睐，爱马仕品牌由此诞生（图7-1）。

随着爱马仕产品声誉的不断提升，品牌在1855年和1867年的巴黎世界博览会上多次获奖。这些国际性展览为爱马仕提供了展示其卓越工艺的平台，进一步巩固了其在欧洲贵族圈中的声誉（图7-2）。

1878年，创始人蒂埃里·爱马仕去世，其子查尔斯-埃米尔（Charles-Émile）接手了家族事业。查尔斯-埃米尔不仅继承了父亲的工匠精神，还展现出了敏锐的商业头脑。在他的领导下，爱马仕开始了业务扩张。

19世纪80年代，查尔斯-埃米尔做出了一个

图7-1 蒂埃里·爱马仕

重要决定：将店铺搬迁至巴黎更为繁华的圣奥诺雷路24号。这一战略性选址至今仍是爱马仕的全球总部所在地，见证了品牌近一个半世纪的发展历程（图7-3）。

进入20世纪初，爱马仕的声誉已经达到了新的高度。品牌开始为法国统治者拿破仑三世制作马具，这不仅是对爱马仕工艺的最高认可，也标志着品牌正式进入了皇室用品供应商的行列。

接下来，随着汽车的普及，马具需求逐渐减少。爱马仕家族敏锐地意识到需要与时俱进，开始探索新的业务方向。1918年，爱马仕推出了品牌的第一款皮革手提包"Haut à Courroies"。

图7-2 爱马仕产品

图7-3　爱马仕巴黎总部

图7-4　爱马仕第一款皮革手提包

图7-5　爱马仕早期海报

这款包原本是为骑马者设计的，用于携带马具，但很快成为了时尚人士的新宠。这标志着爱马仕开始从马具制造商向时尚品牌转型（图7-4）。

品牌发展期（1921-2000）

20世纪20年代初，爱马仕的声誉已经远播欧洲。品牌甚至为俄罗斯沙皇尼古拉二世制作马具和皮具。这段皇室渊源进一步提升了爱马仕的地位，奠定了其作为高端奢侈品牌的基础（图7-5）。

1922年，爱马仕第三代掌门人埃米尔-莫里斯（Émile-Maurice）的妻子抱怨找不到合适的包包，这启发他设计了更多款式的手袋。爱马仕开始全面涉足时尚领域，并始终保持着对品质的坚持。每一个包包都由熟练工匠手工制作，需要数十小时才能完成。这种对细节和品质的执着，成为爱马仕的标志。

1927年，爱马仕推出了品牌的第一款腕表。这不仅展示了品牌在精密制造领域的实力，也标志着爱马仕开始向多元化发展，不再局限于皮具制品。

20世纪30年代，Kelly包的原型出现。这款包的设计灵感来自于马鞍袋，体现了爱马仕从马具制造商向时尚品牌转型的过程。虽然当时还未正式命名为Kelly包，但其独特的设计已经奠定了日后成为经典的基础。这款包的诞生源于品牌初期的Haut à Courroies,手提包（图7-6）。

品牌鉴赏　017

图 7-6　爱马仕 Kelly 包

1937年，爱马仕推出了一项将成为品牌标志的产品——方形丝巾。这些丝质方巾上印有精美的图案，很快成为品牌的象征性产品之一。每一款方巾都需要数月时间来设计和制作，体现了爱马仕对细节和品质的追求。这种创新不仅丰富了品牌的产品线，也为爱马仕开辟了一个全新的市场领域（图7-7）。

图 7-7　爱马仕丝巾

1938年，爱马仕设计了 Chaîne d'ancre 手链，这个设计灵感来自于船锚链。虽然在设计之初并未广泛使用，但到了20世纪50年代，这个设计元素成为爱马仕珠宝和配饰设计中的经典元素。Chaîne d'ancre 的设计象征着力量和安全，同时也体现了爱马仕对航海主题的偏爱，成为品牌视觉识别的重要组成部分（图7-8）。

图 7-8　爱马仕 Chaîne d'ancre 手链

1950年是爱马仕品牌发展史上的一个重要里程碑。这一年，爱马仕首次推出了自己的品牌 Logo。这个 Logo 的灵感来自法国画家阿尔弗雷德·德·德鲁的一幅画作，画中描绘了一辆马车和一名骑手。这个 Logo 完美地体现了爱马仕的传统和精神——精湛的工艺、高贵的品质，以及对马术传统的致敬。Logo 的推出为品牌提供了一个统一的视觉标识，增强了品牌识别度（图7-9、图7-10）。

图 7-9　法国画家阿尔弗雷德·德·德鲁的画作

图7-10　爱马仕标识

1951年，一个偶然的机会让爱马仕的包包与好莱坞影星格蕾丝·凯利结缘。凯利使用一个爱马仕的包遮挡孕肚的照片登上了《生活》杂志封面。这张照片不仅让爱马仕的包包瞬间成为全球瞩目的焦点，也为之后Kelly包的诞生埋下了伏笔。这一事件展示了明星效应对奢侈品牌的巨大影响力，也标志着爱马仕开始走向国际化（图7-11）。

图7-11　好莱坞影星格蕾丝·凯利

1956年，爱马仕正式将这款因格蕾丝·凯利而闻名的包包命名为"Kelly包"。这个命名不仅是对凯利的致敬，也标志着这款包正式成为爱马仕的经典产品之一。Kelly包的设计融合了实用性和优雅感，其独特的梯形造型、单个顶部手柄和可拆卸肩带的设计，使其成为奢侈品界的标志性产品。Kelly包的正式命名，不仅巩固了爱马仕在奢侈品行业的地位，也开创了以名人命名产品的先河（图7-12）。

图7-12　爱马仕Kelly包

1959年，爱马仕推出了Constance包，这款包的设计由Catherine Chaillet完成，并以她的女儿命名。Constance包的设计简洁优雅，其标志性的"H"形搭扣很快成为爱马仕视觉识别的重要元素。这款包的推出标志着爱马仕在包袋设计上的又一次创新，进一步巩固了品牌在奢侈品市场的地位（图7-13）。

图7-13　爱马仕Constance包

1978年是爱马仕发展史上的一个重要转折点。这一年，让-路易·杜马接手了公司的管理

品牌鉴赏　019

权。在杜马的领导下，爱马仕开始了全球化扩张战略。他开设了更多的专卖店，同时将产品线扩展到了香水、珠宝和家居用品等领域。杜马的远见卓识使爱马仕从一个主要面向欧洲市场的品牌，逐步发展成为一个全球性的奢侈品帝国。然而，无论业务如何扩张，杜马始终坚持家族企业的传统和工艺精神，这种坚持成为爱马仕在全球化进程中保持品牌独特性的关键。

1984年，爱马仕推出了后来成为品牌标志的Birkin包。这款包的诞生有一个著名的故事：当时的爱马仕执行董事长让-路易·杜马在飞机上遇到了英国演员Jane Birkin。Birkin抱怨找不到一个既能装下所有东西又时尚的包，这启发杜马设计了Birkin包。这款包结合了实用性和奢华感，很快成为全球最受欢迎的奢侈品之一（图7-14、图7-15）。

1988年，Véronique Nichanian被任命为爱马仕男装设计总监，这一职位她一直担任至今。Nichanian的加入为爱马仕的男装系列注入了新的活力。她的设计风格优雅低调，注重细节和质量，成功地将运动元素融入传统男装，创造出兼具舒适性和优雅感的设计，同时也注重材质创新，如使用高科技面料制作传统西装。在她的领导下，爱马仕的男装系列不断创新，推出了多款经典的男士皮具，如Cityback背包。Nichanian的长期贡献使爱马仕的男装系列在保持品牌传统的同时，也紧跟时代潮流（图7-16）。

图7-14　爱马仕Birkin包

图7-15　不同大小的爱马仕Birkin包

图7-16　爱马仕男装系列

图 7-17　爱马仕 Twilly 丝巾　　图 7-18　爱马仕 Cape Cod 腕表　　图 7-19　比利时设计师 Martin Margiela 设计的爱马仕女装

20世纪90年代末，爱马仕推出了 Twilly 丝巾。这是一种细长型的丝巾，专为年轻一代消费者设计。Twilly 的推出显示了爱马仕对市场变化的敏感度，以及吸引新一代消费者的努力。这款产品的成功不仅拓展了爱马仕的客户群，也展示了品牌在保持传统的同时不断创新的能力。Twilly 丝巾的多功能性（可以作为头巾、腕带、包包装饰等）使其成为年轻消费者的最爱，也为爱马仕开辟了一个新的市场领域（图 7-17）。

1991年，爱马仕推出了 Cape Cod 腕表，这是品牌在制表领域的一个重要里程碑。由 Henri d'Origny 设计的 Cape Cod 腕表融合了方形和圆形元素，其表带设计灵感来自于马具中的链条。这款腕表巧妙地将爱马仕的传统元素转化为现代设计，展现了品牌在保持传统的同时不断创新的能力。Cape Cod 腕表的成功不仅丰富了爱马仕的产品线，也进一步巩固了品牌在奢侈品市场的地位（图 7-18）。

1998年，比利时设计师 Martin Margiela 被任命为爱马仕女装设计总监，这标志着品牌设计风格的一次重要转变。Margiela 以其极简主义和解构主义设计而闻名，他为爱马仕带来了一种全新的美学视角。在他的领导下，爱马仕的女装系列呈现出更加简洁、纯粹的风格，同时保持了品牌一贯的高品质和精湛工艺。Margiela 专注于面料的质感和剪裁的精准，而不是过多的装饰，这种设计理念与爱马仕追求极致品质的理念不谋而合（图 7-19）。

品牌现阶段（2000至今）

进入21世纪，爱马仕的 Birkin 包开始受到全球名人的青睐，其中最引人注目的是维多利亚·贝克汉姆。作为前辣妹组合成员和知名设计师，维多利亚收藏了大量 Birkin 包，据估计价值超过200万美元。她对 Birkin 包的热爱不仅提升了这款包的知名度，也为爱马仕赢得了更多年轻消费者的关注。维多利亚的 Birkin 包收藏成为奢侈品消费文化的一个象征，展示了爱马仕在21世纪初如何成功地将其传统产品转变为现代时尚图腾（图 7-20）。

图7-20 维多利亚·贝克汉姆　　　　　　　　图7-21 爱马仕镂空皮革元素

2003年，法国著名设计师Jean-Paul Gaultier接任爱马仕女装设计总监，为品牌注入了新的活力。Gaultier以其前卫和大胆的设计风格闻名，他成功将这种风格与爱马仕的传统元素相融合。在Gaultier的领导下，爱马仕的时装秀成为巴黎时装周的焦点，他将马术和航海等爱马仕的经典主题以更现代和有趣的方式呈现。Gaultier还推出了多款创新的皮革处理技术，如镂空皮革，并将爱马仕的经典元素，如Kelly包的搭扣，巧妙地融入到成衣设计中。这一时期的设计不仅保持了爱马仕的高端形象，也吸引了更多年轻和时尚前卫的消费者（图7-21）。

2007年，爱马仕推出了Lindy包，这款包的设计体现了品牌对实用性和美观性的平衡追求。Lindy包的设计灵感来自于医生包，但增加了更多的功能性设计。它最独特的特点是可以通过不同的提拿方式改变形状，既可以手提也可以肩背，满足了现代女性对多功能包袋的需求。Lindy包的推出展示了爱马仕在保持传统工艺的同时，不断创新以满足当代消费者需求的能力（图7-22）。

2009年，爱马仕推出了Herbag包，这是品牌对可持续时尚的一次重要探索。Herbag包的设计理念源于品牌早期的Kelly包，但采用了更为创新的结构。这款包的独特之处在于其可更换的帆布袋身，允许用户根据不同场合更换不同颜色的帆布，既环保又实用。Herbag包的推出体现了爱马仕在保持传统工艺的同时，也在积极响应现代消费者对多功能和可持续产品的需求（图7-23）。

图7-22 爱马仕Lindy包

2010年是爱马仕发展史上的重要一年，标志着品牌在设计理念和可持续发展方面的重大转变。这一年，Christophe Lemaire接任爱马仕女装设计总监，为品牌带来了新的设计风格。Lemaire的设计理念更加注重简约和实用，他专注于将爱马仕的奢华感以更低调的方式呈现。在他的领导下，爱马仕推出了更多日常可穿的设计，如舒适的针织衫和简洁的裙装，同时强调了材质的质感，如柔软的羊绒和轻盈的丝绸（图7-24）。

同年，爱马仕还推出了创新的Petit h系列。这个系列是一个再生设计项目，旨在利用爱马仕生产过程中的剩余材料创造独特的艺术品和实用物品。Petit h系列不仅体现了爱马仕对可持续发展的承诺，也展示了品牌在创意设计方面的无限可能。这个项目邀请艺术家和设计师使用爱马仕的边角料材料，创造出既有艺术价值又富有实用性的物品，从而赋予这些材料新的生命（图7-25）。

2013年，一件引起广泛关注的事件进一步彰显了爱马仕Birkin包的文化影响力。说唱歌手坎耶·韦斯特为其妻子金·卡戴珊定制了一款特别的Birkin包。这款包由著名艺术家乔治·康多（George Condo）亲手绘制，将高端时尚与当代艺术完美融合。这一事件不仅展示了Birkin包作为奢侈品的地位，也体现了爱马仕品牌与艺

图7-23　爱马仕Herbag包

图7-24　Lemaire设计的爱马仕女装系列

图7-25　爱马仕环保Petit h系列

图7-26　金·卡戴珊

品牌鉴赏　023

图 7-27 Cybulski 设计的爱马仕女装系列

术界的密切联系（图 7-26）。

2014年，爱马仕迎来了新的女装设计总监 Nadège Vanhee-Cybulski。Vanhee-Cybulski 的设计风格融合了现代简约主义和爱马仕的传统元素，她特别注重功能性和优雅感的平衡。在她的领导下，爱马仕推出了更多适合职场女性的设计，如精致的皮革外套和利落的裤装。同时，她也重新诠释了爱马仕的经典元素，如将马术主题以更抽象的方式呈现，为品牌注入了新的活力（图 7-27）。

2015年，爱马仕与苹果公司合作，推出了 Apple Watch Hermès。这是爱马仕首次涉足智能穿戴设备领域，标志着品牌在数字时代的创新尝试。Apple Watch Hermès 完美融合了苹果的先进技术和爱马仕的传统皮具工艺，为用户提供了兼具功能性和奢华感的智能手表。爱马仕为 Apple Watch 设计了独特的皮质表带和专属表盘，将传统制表工艺与现代科技完美结合，展示了品牌在保持传统的同时拥抱新技术的能力（图 7-28）。

2017年，爱马仕迈出了一个重要的战略性步伐，首次涉足美妆领域。品牌推出了 Rouge Hermès 唇膏系列，这标志着爱马仕从传统的皮具、服装和配饰领域，扩展到了美妆市场。Rouge Hermès 唇膏系列的推出不仅丰富了爱马仕的产品线，也展示了品牌将其对色彩和质量的追求延伸到新领域的能力。这些唇膏延续了爱马仕一贯的高品质标准，包装设计也融入了品牌标志性的元素，迅速成为美妆界的新宠（图 7-29）。

2021年，爱马仕在香水领域再次有所突破。品牌推出了 H24 男士香水，这是爱马仕15年来首次推出的全新男士香水。H24 的设计灵感来自于现代都市男性的生活方式，体现了品牌对当代生活的深刻理解。这款香水不仅延续了爱马仕在香水领域的卓越传统，还展示了品牌在产品创新方面的持续努力。H24 的推出进一步巩固了爱马仕

图 7-28 Apple Watch Hermès

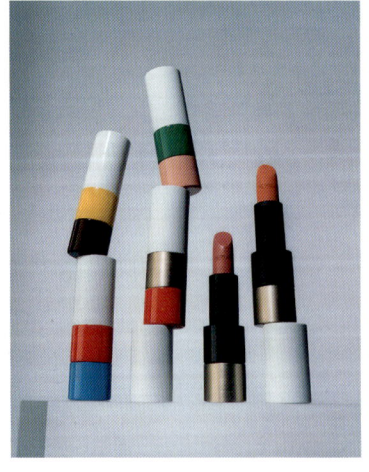

图 7-29 Rouge Hermès 唇膏系列

图 7-30 爱马仕 H24 男士香水

在奢侈品香水市场的地位（图7-30）。

2022年，爱马仕卷入了一场关于数字艺术和知识产权的重要争议。艺术家Mason Rothschild创作了一系列名为"MetaBirkins"的NFT（非同质化代币）作品，这些作品以爱马仕著名的Birkin包为灵感。爱马仕随即对Rothschild提起法律诉讼，指控其侵犯商标权。这一事件引发了人们对数字时代品牌保护的广泛讨论，也凸显了传统奢侈品牌在面对新兴数字艺术形式时所面临的挑战。

2023年，爱马仕在巴黎时装周上惊艳亮相，再次证明了其在高端时尚界的领导地位。秀场设计以简约的白色为主，突出了服装的质感和细节，展现了品牌对极简主义的追求。同年，爱马仕还推出了全新设计的Victoria包。这款包袋巧妙地融合了经典元素和现代设计，展示了品牌在保持传统的同时不断创新的能力。（图7-31）。

2024年，面对全球日益增长的环保意识，爱马仕宣布了一项雄心勃勃的可持续发展计划。品牌承诺到2030年实现碳中和，这一计划涵盖了多个方面，包括使用更多可持续材料、优化生产流程和支持环保项目等。这一举措不仅展示了爱马仕对环境责任的重视，也反映了奢侈品行业向可持续发展转型的大趋势。通过这一计划，爱马仕在保持高品质和奢华形象的同时，也成为可持续发展的行业领导者。

8. 路易·威登（Louis Vuitton）品牌介绍

品牌创立期（1854-1892）

1821年，路易·威登（Louis Vuitton）出生于法国东部朱拉山区的一个小村庄。这个偏远的山区以其独特的自然景观和传统工艺而闻名，为年轻的路易·威登提供了丰富的创意灵感（图8-1）。

1837年，16岁的路易·威登怀揣梦想，徒步来到巴黎这座光芒四射的大都市。在这里，他成为了一名箱匠学徒，开始了他在皮具制作领域的职业生涯。这段学徒经历为他日后创立自己的品

图7-31 爱马仕Victoria包

图8-1 创始人路易·威登

品牌鉴赏 **025**

图8-2 路易·威登平顶方形旅行箱（左）

图8-3 路易·威登Trianon帆布旅行箱（右）

牌奠定了坚实的技术基础。

1853年，路易·威登凭借其精湛的技艺和创新的设计理念，被任命为拿破仑三世皇后欧仁妮的御用箱包师。这一殊荣不仅是对他个人能力的肯定，也为他打开了上流社会的大门，为日后品牌的发展创造了有利条件。

1854年，路易·威登在巴黎蒙田街开设了自己的第一家店铺。这家专门制作旅行箱的店铺虽然规模不大，却是路易·威登品牌的起点。在这里，他开始将自己的创意理念转化为实际产品，逐步建立起自己的品牌特色。

1858年，路易·威登推出了具有革命性的平顶方形旅行箱，彻底改变了传统的圆顶设计。这种新设计不仅美观，还大大提高了箱子的实用性和空间利用率。平顶设计使得箱子可以轻松堆叠，为当时日益增长的旅行需求提供了完美解决方案。这一创新奠定了路易·威登在旅行箱领域的领先地位，也成为品牌日后不断创新的起点（图8-2）。

1858年，路易·威登再次展现了他的创新才能。他推出了使用Trianon帆布制作的平顶旅行箱。这种帆布不仅轻便，而且防水性能出色。相较于传统的皮革材质，Trianon帆布更适合长途旅行，能够更好地保护箱内物品。这一创新再次引领了旅行箱制作的潮流，进一步巩固了路易·威登在业界的地位（图8-3）。

1867年，巴黎世界博览会为路易·威登提供了一个展示自己实力的绝佳舞台。在这个汇聚了全球顶尖技术和产品的盛会上，路易·威登的作品脱颖而出，获得了铜牌。这个奖项不仅是对路易·威登个人能力的肯定，也标志着这个年轻品牌已经在国际舞台上崭露头角（图8-4）。

在接下来的二十多年里，路易·威登不断完善自己的设计，扩大生产规模。他的名字逐渐成为高品质旅行箱的代名词。然而，成功的背后也伴随着挑战。由于路易·威登的产品广受欢迎，市场上开始出现大量仿冒品。为了应对这一问题，路易·威登在1876年改变了帆布的颜色和图案，推出了米色和棕色条纹相间的设计。这个设计不仅更加美观，也更难仿制，有效地保护了品牌的利益。

到了1885年，路易·威登在伦敦牛津街开设了第一家海外门店，开启了品牌国际化的进程。这标志着路易·威登已经从一个本土品牌成长为具有国际影响力的奢侈品牌（图8-5）。

1888年，路易·威登推出了Damier棋盘格帆布。这种新设计不仅美观大方，而且更难仿制，成为品牌另一个标志性的图案。Damier棋盘格帆布的推出展现了路易·威登在设计创新和品牌保护方面的持续努力，为品牌的发展注入了新的活力。

1892年，路易·威登品牌的创始人路易·威登去世，他的儿子乔治·威登接管了公司。这标志着路易·威登品牌进入了新的发展阶段。乔治·威登继承了父亲的创新精神，同时也为品牌注入了新的活力。

品牌发展期（1892-1987）

1896年，乔治·威登做出了一个影响深远的决定。他设计了著名的Monogram帆布图案，这个图案包含了LV字样、四叶草和花卉等元素。这个设计不仅美观大方，更重要的是它成为路易·威登品牌的标志性符号。乔治·威登随即为这个设计申请了专利，这一举措有效地打击了仿冒品，保护了品牌的独特性。Monogram图案的推出是路易·威登品牌发展史上的一个重要里程碑。它不仅是一种独特的视觉标识，更代表了品牌的传承和创新精神。这个图案至今仍被广泛使用在路易·威登的各种产品上，成为奢侈品世界中最受认可的符号之一（图8-6）。

图8-6 路易·威登Monogram图案

进入20世纪后，乔治·威登开始积极推动品牌的全球化战略。他深知，要成为真正的国

图8-4 1867年巴黎世界博览会

图8-5 路易·威登在伦敦牛津街开设的第一家海外门店

际品牌，仅仅依靠巴黎和伦敦的市场是不够的。因此，从1900年代初开始，路易·威登开始在世界各地开设分店。这一举措大大提升了品牌的国际知名度，也为后续的全球化发展奠定了基础。

1905年，路易·威登在纽约第五大道开设了北美第一家门店。这家店铺的开业标志着路易·威登正式进军美国市场，为品牌的全球化奠定了基础。美国市场的开拓不仅增加了品牌的销售额，也提升了路易·威登在国际奢侈品市场中的地位。这家纽约店的成功也为路易·威登在其他国家和地区开设分店提供了宝贵经验。

1925年，路易·威登为时尚界传奇人物可可·香奈儿定制了一款圆顶手提包。这款包

图 8-7　可可·香奈儿+LV圆顶手提包

于1934年推出大众版,并在1955年被命名为"Alma"。Alma手袋成为路易·威登最经典的款式之一,也成为品牌历史上的重要里程碑。Alma手袋的诞生和发展过程也体现了路易·威登将高端定制理念转化为大众产品的能力,这种能力在后来的品牌发展中发挥了重要作用(图8-7)。

1930年,路易·威登品牌迎来了两个重要产品的诞生：Keepall旅行包和Speedy手提包。Keepall旅行包凭借其大容量和轻便灵活的特性,迅速成为品牌的畅销产品。这款包提供45、50、55、60厘米等多种尺寸,满足不同旅行需求。Speedy手提包则以其紧凑设计和百搭款式赢得了消费者的喜爱,特别是后来为奥黛丽·赫本定制的Speedy 25款式,更是成为品牌的经典之作。这两款包的推出,不仅延续了路易·威登在旅行用品领域的专业性,也展现了品牌向日常使用领域拓展的战略眼光(图8-8、图8-9)。

1932年,路易·威登推出了Noé水桶包。这款包最初是为了满足运送香槟的需求而设计的,其独特的水桶形状和顶部的抽绳设计既美观又实用。Noé水桶包的诞生展现了路易·威登将实用需求转化为时尚设计的能力,也体现了品牌对法式生活方式的诠释。从最初的专业用途到后来成为时尚单品,Noé水桶包的发展历程也反映了路易·威登品牌的多元化发展(图8-10)。

1934年,Alma手提包问世。据传,这款包最初是为时尚界传奇人物可可·香奈儿定制的。Alma手提包以其优雅的梯形设计和多种尺寸选择(如BB、PM、MM等),迅速成为品牌的另一个标志性产品。Alma手提包的成功进一步巩固了路易·威登在奢侈品行业的地位(图8-11)。

1936年,路易·威登的孙子加斯顿-路易·威登接管了公司。作为家族的第三代掌门人,加斯顿-路易·威登面临着如何在保持品牌传统的同时推动创新的挑战。在他的领导下,路易·威登开始更加积极地拓展产品线,为品牌向全方位奢侈品公司转型奠定了基础。

1959年,路易·威登推出了柔软的Monogram帆布。这种新材料的使用使得公司能够生产更多样化的产品,包括更柔软、更适合日常使用的包袋。柔软Monogram帆布的推出是路易·威登适应市场需求、不断创新的又一例证。这一创新不仅拓展了品牌的产品线,也为

图 8-8　路易·威登Keepall旅行包

图 8-9　路易·威登Speedy手提包

图 8-10　路易·威登Noé水桶包

图 8-11　路易·威登Alma手提包

图8-12　路易·威登Monogram帆布包　　图8-13　路易·威登Papillon圆筒包　　图8-14　路易·威登Epi皮革包

后续的发展奠定了基础，使得路易·威登能够在保持传统的同时，更好地满足现代消费者的需求（图8-13）。

1966年，路易·威登推出了Papillon圆筒包，这款包的设计为品牌注入了一份俏皮和现代感。Papillon圆筒包以其独特的圆筒形状迅速成为街头时尚的代表。这款包不仅设计新颖，而且轻巧便携，非常适合日常使用。它提供单肩和手提两种背法，满足不同场合的需求。Papillon圆筒包通常采用品牌标志性的Monogram帆布制作，既展现了品牌特色，又体现了路易·威登在设计上的创新精神。这款包的推出吸引了更多年轻消费者，展示了品牌向年轻化方向发展的战略（图8-13）。

进入20世纪70年代，路易·威登开始大规模使用皮革材质，推出了Epi皮革系列。这个系列的推出标志着品牌在材质创新方面迈出了重要一步。Epi皮革以其独特的波浪状纹埋而闻名，不仅增添了产品的触感，还提高了耐用性。这种皮革的使用使得路易·威登能够生产出更多样化的产品，从手袋到行李箱，都呈现出与众不同的质感和外观。Epi皮革系列的成功也反映了品牌在保持传统的同时，不断探索新材料和新工艺的决心（图8-14）。

1977年，路易·威登在东京银座开设了第一家日本门店，这标志着品牌正式进军亚洲市场。选择在日本开设第一家亚洲门店，体现了路易·威登对日本市场潜力的准确判断。日本当时正处于经济高速增长期，消费者对奢侈品的需求迅速增长。银座店的开业不仅扩大了品牌的全球影响力，也为路易·威登在亚洲市场的快速发展奠定了基础。这家店的成功经营经验为品牌后续在其他亚洲国家和地区开设分店提供了宝贵参考（图8-15）。

1984年，路易·威登迎来了公司历史上的另一个重要时刻：公司在巴黎和纽约股票市场同时上市。这一举措不仅为公司带来了大量资金，支持其进一步扩张，也标志着路易·威登从一个家族企业转变为一个现代化的公众公司。上市使得公司的管理更加透明化、专业化，同时也为品牌的国际化发展提供了更多可能性。

图8-15　路易·威登东京银座第一家门店

品牌鉴赏

图8-16 公司在巴黎和纽约股票市场同时上市

图8-17 与轩尼诗合并成立LVMH集团

这次上市也反映了奢侈品行业的整体趋势，即通过资本市场获取发展资金，实现更快速的全球化扩张（图8-16）。

品牌现阶段（1987至今）

1987年，路易·威登的发展迎来了重要的转折点。这一年，路易·威登与轩尼诗（Hennessy）合并，成立了LVMH集团（LVMH Moët Hennessy Louis Vuitton）。这次合并堪称奢侈品行业的一次重大事件，它不仅创造了世界最大的奢侈品集团，也为路易·威登品牌的进一步发展提供了强大的支持。LVMH集团的成立使得路易·威登能够获得更多资源用于产品研发、市场拓展和品牌推广。同时，集团内其他品牌的经验和资源也为路易·威登提供了宝贵的借鉴，促进了品牌间的协同效应。这次合并标志着路易·威登进入了一个新的发展阶段，为其后续成为全球领先的奢侈品牌奠定了坚实基础（图8-17）。

1997年是路易·威登品牌发展史上一个新的转折点。这一年，LVMH集团做出了一个大胆而富有远见的决定：聘请34岁的美国设计师马克·雅克布（Marc Jacobs）担任路易·威登的首位创意总监。这一决定标志着路易·威登正式进军时装领域，开始全面转型为一个综合性的时尚奢侈品牌。马克·雅克布的加入为路易·威登注入了新的活力，他在保持品牌传统的同时，大胆创新，将路易·威登推向了时尚的前沿（图8-18）。

同年，马克·雅克布推出了Monogram Vernis漆皮系列，为经典的Monogram图案注入了新的活力。这个系列以其光泽表面和多彩选择迅速成为品牌的热门产品，不仅展现了马克·雅克布的创新精神，也为传统设计注入了现代时尚元素（图8-19）。

1998年，马克·雅克布为路易·威登举办了品牌历史上的第一场时装秀，正式宣告路易·威登进军成衣领域。这场具有里程碑意义的时装秀不仅展示了路易·威登在服装设计上的实力，也标志着品牌从传统箱包制造商向全方位时尚品牌的转型。这次亮相为路易·威登打开了新的市场，也为品牌吸引了更多年轻、时尚的消费群体（图8-20）。

2003年，路易·威登与日本当代艺术家村上隆展开合作，推出了一系列彩色Monogram手袋。这次跨界合作不仅刷新了人们对路易·威登的传统印象，也开创了奢侈品牌与当代艺术家合作的先河。村上隆鲜艳、活泼的艺术风格

图8-18 马克·雅克布设计的LV女装系列

图8-19 路易·威登Monogram Vernis漆皮系列包

为路易·威登的经典Monogram图案带来了全新的视觉体验，这个系列一经推出就引起了巨大轰动，成为收藏家追捧的对象（图8-21）。

2007年，路易·威登推出了Neverfull托特包，这款包很快成为品牌最畅销的产品之一。Neverfull托特包以其大容量、轻便设计和多功能性迅速赢得了消费者的喜爱。这款包不仅可以作为购物袋、工作包或旅行包使用，其可塑设计还增加了使用的灵活性。Neverfull的成功再次证明了路易·威登在产品设计和市场洞察方面的卓越能力，也体现了品牌对现代都市生活需求的准确把握（图8-22）。

图8-20 路易·威登第一场时装秀

图8-21 路易·威登彩色Monogram手袋

图8-22 路易·威登Neverfull托特包

图8-23 金·琼斯（左）

图8-24 路易·威登男装系列

2011年，路易·威登做出了一个重要的人事决策，任命英国设计师金·琼斯（Kim Jones）为男装系列艺术总监。金·琼斯的加入为路易·威登男装注入了新的活力。他的设计风格融合了街头文化、运动元素和高级定制，为品牌吸引了更多年轻消费者。金·琼斯善于将旅行主题与现代男装设计相结合，创造出既实用又时尚的作品，这与路易·威登的品牌传统完美契合。在他的领导下，路易·威登男装系列的销售额显著增长，成为品牌重要的增长点（图8-23、图8-24）。

2012年，路易·威登在上海举办了一场极具创意的时装秀，以"巴黎—上海快车"为主题。这场秀不仅展现了品牌的创意实力，也彰显了其对中国市场的重视。秀场被精心布置成一列复古火车，模特们从车厢中走出，展示了融合东西方元素的时装系列。这种创新的展示方式不仅吸引了全球媒体的关注，也为品牌在中国市场树立了独特的形象。此次时装秀成功地将路易·威登的法式优雅与中国元素巧妙融合，展现了品牌的国际化视野和对本土文化的尊重（图8-25）。

2013年是路易·威登品牌发展的重要一年。这一年，品牌推出了Capucines手提包，这款包很快成为路易·威登向高端皮具市场进军的代表作。Capucines手提包以精湛的工艺和优雅的设计迅速赢得了消费者的青睐。它采用的顶级皮革和精湛的手工制作，体现了品牌对质量的不懈追求。这款包的推出进一步巩固了路易·威登在高端皮具市场的地位（图8-26）。

图8-25 "巴黎—上海快车"时装秀

图8-26 路易·威登Capucines手提包

同年，路易·威登还做出了另一个重要决定：任命尼古拉·盖斯奇埃尔（Nicolas Ghesquière）为女装系列艺术总监。尼古拉·盖斯奇埃尔接替了在位16年的金·琼斯，为品牌带来了新的设计理念。他的设计风格融合了未来主义和复古元素，以创新的剪裁和材质运用著称。尼古拉·盖斯奇埃尔善于将路易·威登的传统元素与现代设计相结合，创造出既前卫又具有品牌特色的作品。在他的领导下，路易·威登进一步巩固了其在高端时尚领域的地位，吸引了更多年轻和时尚前卫的消费者（图8-27）。

2017年，路易·威登做出了一个大胆的决定，与街头品牌Supreme推出联名系列。这次合作在时尚界引起了巨大轰动，被视为奢侈品牌与街头文化的里程碑式融合。这个系列成功地将路易·威登的经典元素与Supreme的街头风格相结合，创造出了一系列极具话题性和收藏价值的产品。这次合作不仅吸引了大量年轻消费者，也展示了路易·威登在保持传统的同时勇于创新的品牌精神。此次合作的成功为路易·威登开辟了新的市场，也为奢侈品牌与街头文化的融合提供了新的可能性（图8-28）。

2018年，路易·威登做出了一个具有里程碑意义的决定：任命维吉尔·阿布洛（Virgil Abloh）为品牌男装艺术总监。维吉尔·阿布洛是一位美国设计师、艺术家和企业家，他的加入标志着路易·威登首次任命一位非裔美国人担任如此重要的创意职位。这一决定不仅反映了品牌对多元文化的重视，也展现了其吸引年轻消费群体的决心。

同年，维吉尔·阿布洛在巴黎为路易·威登举行了他的首场时装秀（图8-29）。这场备受瞩目的秀展以其创新的设计理念和跨界元素震惊了时尚界。维吉尔·阿布洛将街头文化、高级时装和多元文化元素巧妙融合，为路易·威

图8-27　路易·威登创新的剪裁和材质女包

图8-28　路易·威登与Supreme联名系列

图8-29　路易·威登巴黎时装秀

登男装注入了全新的活力。彩虹色的T台和融合街头文化的设计不仅展示了维吉尔·阿布洛的独特视角，也预示着路易·威登男装系列将迎来一个充满创意和突破的新时代。

2019年，路易·威登迈出了品类扩张的重要一步，推出了品牌首个男士香水系列，不仅丰富了路易·威登的产品线，也标志着品牌在香水领域的进一步拓展。男士香水系列的推出反映了路

图 8-30 路易·威登男士香水系列

图 8-31 收购全球最大钻石品牌 Tiffany

图 8-32 路易·威登上海"水上秀"

易·威登对男性消费市场的重视，同时也展现了品牌在非传统领域的创新能力（图 8-30）。

2020 年是路易·威登母公司 LVMH 集团的重要一年。这一年，LVMH 集团以 158 亿美元的价格收购了全球最大钻石品牌 Tiffany & Co.。这次收购不仅是奢侈品行业历史上最大的并购案之一，也进一步巩固了 LVMH 集团在全球奢侈品市场的领导地位。通过这次收购，LVMH 集团显著增强了其在珠宝和钟表领域的实力，为集团的多元化发展战略添加了重要的一环（图 8-31）。

同年，受新冠疫情影响，路易·威登将原定在巴黎举行的 2021 春夏男装秀移师上海。这场别开生面的时装秀在黄浦江畔举行，以"漂流箱"为主题，模特们乘坐彩色集装箱沿江漂流。这场被称为"水上秀"的创意展演不仅展现了品牌的创新精神，也传递了后疫情时代的希望。同时，这次秀展也反映了路易·威登对中国市场的高度重视，以及品牌在面对全球性挑战时的灵活应变能力（图 8-32）。

2021 年，路易·威登与 NBA（美国职业篮球联赛）达成了多年合作协议。这项合作不仅体现了品牌对体育领域的重视，也展示了其拓展市场的战略眼光。通过与 NBA 的合作，路易·威登成功将其奢侈品形象与体育文化相结合，吸引了更广泛的消费群体（图 8-33）。

2022 年，路易·威登在数字领域迈出了重要的一步。品牌推出了自己的加密货币 LV 币和 NFT 系列，展现了对新兴技术的探索和创新精神。这一举措不仅拓展了品牌的业务范围，也为其在数字时代的发展奠定了基础（图 8-34）。

同年，路易·威登邀请足球巨星梅西和C罗共同拍摄了一组以下棋为主题的广告大片。这次合作不仅吸引了全球媒体的关注，也成为当年最具话题性的时尚广告之一。通过邀请两位足球巨星，品牌成功地将高端时尚与大众体育文化相融合，进一步提升了其全球影响力（图8-35）。

2023年1月，路易·威登在巴黎男装周上举办了压轴大秀。这场秀不仅展示了品牌最新的设计理念，还邀请了西班牙歌手Rosalía现场表演，并吸引了众多明星到场观秀。秀场设计极具未来感，展现了品牌对科技与时尚融合的探索（图8-36）。

2023年2月，路易·威登任命美国音乐人法瑞尔·威廉姆斯（Pharrell Williams）为新的男装创意总监。这一任命引发了业界广泛关注，也标志着品牌在创意方向上的新尝试。Pharrell Williams的多元化背景和在音乐、时尚领域的影响力，为路易·威登带来了新的创意视角和发展机遇（图8-37）。

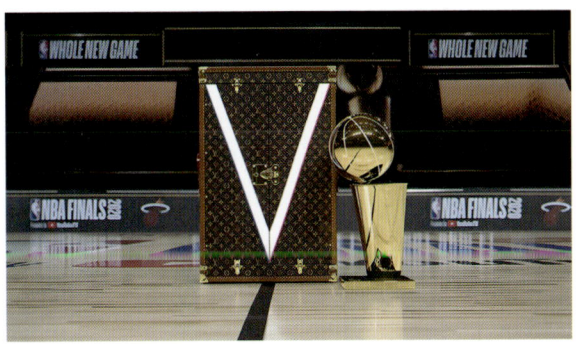

图8-33　路易·威登与NBA合作

图8-34　LV币和NFT系列

图8-35　梅西和C罗拍摄路易·威登广告大片

图8-37　美国音乐人法瑞尔·威廉姆斯

图8-36　路易·威登2023巴黎男装周

图8-38　路易·威登中国香港"看不见的行李"展览

9. 香奈儿（Chanel）品牌介绍

扫二维码看PPT

品牌创立期（1909-1920）

可可·香奈儿的时尚生涯始于1909年，她在巴黎开设了第一家商店，专门销售帽子。这家小店位于巴黎的卡姆邦街，虽然规模不大，但却是香奈儿帝国的起点。可可·香奈儿凭借其独特的设计理念和精湛的手工技艺，很快就赢得了上流社会女性的青睐（图9-1）。

1910年，可可·香奈儿在巴黎康朋街21号开设了第一家配饰店。这家店不仅销售帽子，还包括礼服和便装。这标志着香奈儿品牌开始从单一的帽子设计向更广泛的时装领域拓展（图9-2）。

1913年，可可·香奈儿在诺曼底海滨度假胜

同年，路易·威登在中国香港举办了"看不见的行李"展览。这场展览不仅展示了品牌的经典产品，还重点呈现了路易·威登在科技创新和可持续发展方面的努力。展览中展出了使用回收材料制作的产品，以及减少碳排放的新技术，体现了品牌对环保议题的重视和对未来发展的思考（图8-38）。

图9-1　香奈尔头饰　　图9-2　香奈儿早期作品

图9-3　香奈儿早期运动装

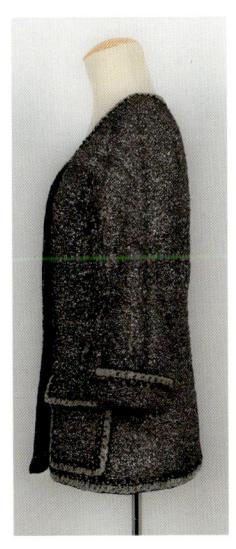
图9-4　香奈儿高定成衣

图9-5　香奈儿巴黎总部

地多维尔开设了第二家精品店。多维尔是当时法国上流社会的度假胜地，这家店的开设不仅扩大了香奈儿的业务范围，也让品牌更接近其目标客户群。在多维尔店，可可·香奈儿推出了运动服系列，这是一个具有开创性的举动。当时的女性服装仍然以束腰和繁复的设计为主，而香奈儿的运动服系列强调舒适和实用，使用了Jersey等柔软的面料，让女性在运动和休闲时也能保持优雅（图9-3）。

1915年，香奈儿在比亚里茨开设了第三家精品店。比亚里茨是另一个著名的海滨度假胜地，这家店专门经营高级定制服装。这标志着香奈儿开始进军高级时装领域，为品牌日后成为高级时装品牌奠定了基础（图9-4）。

1918年，香奈儿将总部设在巴黎康朋街31号，这个地址至今仍是香奈儿品牌的总部所在地。这一举动不仅巩固了香奈儿在巴黎时尚界的地位，也为品牌的进一步发展提供了稳定的基础（图9-5）。

1920年前后，可可·香奈儿与俄罗斯作曲家伊戈尔·斯特拉文斯基有一段短暂而富有传奇色彩的恋情。这段关系不仅体现了可可·香奈儿广泛的社交圈，也反映了她对艺术的热爱。虽然这段恋情持续时间不长，但它对可可·香奈儿的设计理念产生了一定影响，特别是在她后来为斯特拉文斯基的芭蕾舞剧《春之祭》设计服装时。

品牌发展期（1920-1970）

1921年，香奈儿品牌迈出了进军香水市场的重要一步。这一年，品牌推出了第一款香水——香奈儿N°5。这款香水由可可·香奈儿与调香师欧内斯特·博共同创造，是第一款使用合成香料的香水，开创了现代香水工业的先河。香奈儿N°5独特的香调和简洁的瓶身设计很快成为品牌的标志性产品，也奠定了香奈儿在香水领域的领先地位（图9-6）。

继香水的成功之后，1924年，香奈儿进一步扩大了业务范围，推出了第一个化妆品系列，并成立了香奈儿香水公司。这个举动标志着香奈儿开始从一个时装品牌向美容领域拓展，为日后成为全方位奢侈品牌奠定了基础。香奈儿

图9-6　香奈儿 N° 5香水

图9-8　香奈儿经典小黑裙

图9-7　香奈儿护肤品

的化妆品系列延续了品牌一贯的简约优雅风格，强调自然美，很快就在市场上赢得了消费者的青睐（图9-7）。

1926年，可可·香奈儿创造了被誉为20世纪最具影响力的服装设计之一——小黑裙。在此之前，黑色主要用于丧服。香奈儿将这种颜色运用到日常服装中，创造出一种简约、优雅、百搭的设计。小黑裙的设计理念是一件简单的黑色连衣裙，可以适应从日常工作到晚宴派对的各种场合。这种设计不仅体现了香奈儿品牌的简约风格，也反映了当时社会对女性角色的新认知。小黑裙很快成为时尚界的经典，至今仍被视为每个女性衣橱中的必备单品（图9-8）。

20世纪20年代末至30年代，可可·香奈儿与英国政治家温斯顿·丘吉尔建立了深厚的友谊。这段友谊始于香奈儿与威斯敏斯特公爵的交往期间，丘吉尔是公爵的好友。香奈儿与丘吉尔经常一起度假，分享对艺术和政治的见解。这段友谊不仅丰富了香奈儿的社交生活，也为她提供了更广阔的国际视野，影响了她后来的设计理念。据说，正是这段友谊在二战后救了可可·香奈儿一命，当时她因与纳粹有染而受到调查，但很快就被释放，许多人认为这是丘吉尔在幕后施加影响的结果（图9-9）。

1954年是香奈儿品牌历史上的重要转折点。在经历了近15年的沉寂后，71岁高龄的可可·香奈儿决定重返时尚界。她推出了一个全新的服装系列，这个系列延续了她一贯的简约优雅风格，同时也融入了更多现代元素。这次复出不仅证明了可可·香奈儿的设计才华依然锐利，也为品牌注入了新的活力（图9-10）。

同年，好莱坞影星玛丽莲·梦露在接受采访时发表了一句著名言论："睡觉时我只穿几滴香奈儿5号。"这句话迅速传遍全球，不仅大大提升了香奈儿5号香水的知名度，也为香奈儿品

图9-9　可可·香奈儿与温斯顿·丘吉尔　　图9-10　可可·香奈儿　　图9-11　好莱坞影星玛丽莲·梦露

牌带来了巨大的宣传效应。这句话后来成为香水广告史上最著名的语录之一，充分体现了香奈儿品牌的魅力和影响力（图9-11）。

1955年，香奈儿推出了另一个传奇产品——2.55手袋。这款手袋以其推出的年月命名，采用了革命性的设计：链条肩带让女性可以解放双手，而内部的多个功能性口袋则满足了现代女性的实用需求。2.55手袋不仅是一个时尚配饰，更是女性解放和社会进步的象征。它的成功奠定了香奈儿在奢侈品配饰领域的地位（图9-12）。

1957年，香奈儿设计了双色鞋（Two-tone slingback shoe）。这款采用米色鞋身搭配黑色鞋头的设计，不仅优雅大方，还具有显著的视觉效果。双色鞋的设计理念是让鞋子能够显示腿部线条的延续，同时黑色鞋头能够让脚看起来更小。这款鞋子很快成为香奈儿的另一个标志性产品，体现了品牌对细节的追求和对女性需求的深刻理解（图9-13）。

图9-12　香奈儿2.55手袋　　图9-13　香奈儿双色鞋

1961年，奥黛丽·赫本在电影《蒂凡尼的早餐》中穿着一条由纪梵希设计的黑色礼服裙亮相。这条裙子的设计灵感来源于可可·香奈儿1926年创造的小黑裙。赫本的造型立即成为经典，再次将小黑裙推向了时尚的巅峰。这一事件不仅证明了小黑裙设计的永恒魅力，也展示了香奈儿对整个时尚界的深远影响（图9-14）。

品牌现阶段（1970至今）

1971年1月10日，香奈儿品牌的创始人可可·香奈儿在巴黎丽兹酒店的套房中去世，享年87岁。她的离世标志着一个时代的结束，也为香奈儿品牌带来了巨大的挑战。在接下来的十余年里，香奈儿经历了一段寻找方向的过渡期（图9-15）。

1971年至1973年，Gaston Berthelot接任香奈儿的设计师一职。Berthelot试图延续可可·香奈儿的设计理念，但似乎未能完全把握品牌的核心精神。他的设计被认为缺乏创新性和吸引力，这段时期香奈儿的影响力有所下降。

1973年至1974年，设计师职位由伊冯·杜德尔（Yvonne Dudel）和让·卡佐邦（Jean Cazaubon）共同担任。这对设计师组合尝试在保持香奈儿传统的同时，为品牌注入新的活力。然而，他们的设计并未在时尚界产生重大影响，香奈儿仍在寻找能够真正继承品牌精神的设计师。

1978年，香奈儿迈出了重要的一步，推出了首个成衣系列。这标志着品牌开始向更广泛的消费群体拓展。成衣系列保持了香奈儿一贯的高品质和优雅风格，但价格相对亲民，使得更多消费者能够拥有香奈儿的产品。这一举措不仅扩大了品牌的市场份额，也为香奈儿在全球化时代的发展奠定了基础（图9-16）。

1980年至1983年，Ramon Esparza担任香奈儿的设计师。作为前设计师Balenciaga的学生，Esparza尝试将一些结构化和建筑感的元素引入

图9-14 奥黛丽·赫本在电影《蒂凡尼的早餐》剧照

图9-15 可可·香奈儿

图9-16 香奈儿成衣系列

香奈儿的设计中。然而，他的设计风格似乎未能完全契合香奈儿的品牌精神。这一时期可以被视为香奈儿寻找新方向的探索阶段（图9-17）。

1983年是香奈儿品牌发展史上的重要转折点。这一年，德国设计师卡尔·拉格斐（Karl Lagerfeld）被任命为香奈儿的创意总监，负责所有高级时装、成衣和配饰系列的设计。卡尔·拉格斐的加入为香奈儿注入了新的活力，开启了品牌复兴的新篇章（图9-18）。

卡尔·拉格斐上任后立即着手准备他的首个系列。1983年秋冬高级定制系列的发布成为时尚界的重大事件。在这个系列中，卡尔·拉格斐巧妙地重新诠释了香奈儿的经典元素，如tweed套装、珍珠项链等，同时注入了更多现代和前卫的元素。这场秀不仅展示了卡尔·拉格斐的设计才华，也标志着香奈儿品牌的成功复兴，重新确立了其在高级时装界的领导地位（图9-19）。

随着品牌影响力的不断提升，香奈儿开始向多元化方向发展。1987年，品牌推出了第一个手表系列"Preiére"。这个系列的设计灵感来自于香奈儿N°5香水瓶的八角形瓶盖，体现了品牌跨界设计的创新精神。Preiére系列的推出标志着香奈儿正式进军高端手表市场，进一步丰富了品牌的产品线。

1993年，香奈儿又迈出了重要的一步，推出了首个精品珠宝系列。这个系列的设计灵感来自于可可·香奈儿本人对珠宝的热爱，融合了品牌的经典元素和高级珠宝工艺。精品珠宝系列的推出不仅完善了香奈儿的产品线，也使品牌真正成为涵盖时装、配饰、香水、化妆品、手表和珠宝的全方位奢侈品牌（图9-21、图9-22）。

1993年春夏成衣系列的发布成为时尚界的又一个里程碑事件。在这场秀上，超模克劳迪娅·希弗身着比基尼和香奈儿标志性的tweed外套走秀，这个造型立即成为20世纪90年代最具

图9-17　Esparza的香奈儿设计

图9-18　卡尔·拉格斐担任香奈儿创意总监

图9-19　1983年秋冬高级定制系列

图9-20　第一个手表系列"Preiére"

品牌鉴赏

图 9-21 香奈儿精品珠宝

代表性的时尚形象之一。希弗的造型完美诠释了香奈儿既优雅又性感的品牌形象,展示了品牌在卡尔·拉格斐领导下的创新与突破(图 9-23)。

进入21世纪,香奈儿品牌继续保持其创新精神,不断推出新产品并拓展业务范围。这个时期,品牌在产品开发、时装秀创意和企业透明度方面都取得了重大突破。

2000年,香奈儿推出了J12手表系列,标志着品牌正式进军高端制表领域。J12系列以其独特的高科技陶瓷材质和兼具运动风格与优雅设计的特点迅速成为市场焦点。这一举措不仅丰富了香奈儿的产品线,也展示了品牌在传统奢侈品领域之外的创新能力(图 9-24)。

紧接着在2001年,香奈儿推出了针对年轻消费群体的Coco Mademoiselle香水。这款香水融合了清新和性感的东方花香调,成功吸引了新一代消费者。Coco Mademoiselle的推出反映了香奈儿品牌在保持传统的同时,积极拓展年轻市场的战略(图 9-25)。

2005年,香奈儿的春夏高级定制系列在巴黎大皇宫举行,这场秀成为品牌历史上的一个重要里程碑。时任创意总监卡尔·拉格斐将秀场布置成一个巨大的温室,模特们穿梭在鲜花和绿植中,展示充满浪漫气息的服装。这场秀不仅展示了香奈儿的高级定制工艺,也将时装秀提升到了一种艺术表现形式的高度(图 9-26)。

2014年,香奈儿再次突破传统,在秋冬成衣系列中呈现了一场以超市为主题的创新秀场。卡尔·拉格斐将秀场布置成一个巨大的超市,模特们推着购物车走秀,展示的服装和配饰都带有超市元素。这场秀颠覆了人们对高级时装的传统印象,引发了广泛讨论,同时也展示了香奈儿将日常生活元素与高级时装结合的能力(图 9-27)。

2015年,香奈儿做出了一个具有里程碑意义的决定:首次公布财务报告。作为一家私人

图 9-22 香奈儿珠宝

图 9-23 超模克劳迪娅·希弗

图 9-24 香奈儿J12手表系列

图 9-25 Coco Mademoiselle 香水

图9-26 巴黎大皇宫春夏高级定制系列　　图9-27 2014年"超市"秀

公司,香奈儿一直对其财务状况保密。这次公开财务信息的举动不仅增加了品牌的透明度,也向外界证实了香奈儿作为全球顶级奢侈品牌的地位。根据公布的报告,香奈儿的年收入达到65亿美元,这一数字印证了品牌在全球奢侈品市场的强劲表现。

2016年,香奈儿迈出了开拓男性市场的重要一步。品牌推出了首个专门针对男性的香水系列Boy。这个系列的推出标志着香奈儿开始更加重视男性消费群体,也反映了品牌在拓展市场方面的战略眼光。Boy系列的设计灵感来自于可可·香奈儿的爱人Boy Capel,融合了男性气质和香奈儿一贯的优雅风格,为男士香水市场带来了新的选择(图9-28)。

2017年,香奈儿的春夏成衣系列再次展现了品牌的创新精神。这场以科技为主题的时装秀将未来感与香奈儿的经典元素完美融合。秀场被布置成一个巨大的数据中心,模特们戴着机器人头盔,穿着融合了科技元素的经典香奈儿套装。这场秀不仅展示了服装,更是对未来时尚的一次大胆探索,体现了香奈儿对科技发展和社会变革的敏锐洞察(图9-29)。

2018年,响应全球对动物保护的关注,香奈儿做出了一个具有里程碑意义的决定:宣布停止使用珍稀动物皮毛和鳄鱼皮。这一决定不仅体现了品牌对社会责任的重视,也影响了整个奢侈品行业。香奈儿的这一举措得到了动物保护组织的赞赏,同时也推动了可持续时尚的发展。这个决定表明,即使是传统的奢侈品牌,也需要与时俱进。

2019年是香奈儿品牌的重要转折点。2月19日,在担任香奈儿创意总监36年后,卡尔·拉格斐去世,享年85岁。卡尔·拉格斐的离世被视为

图9-28 香奈儿男性香水系列Boy

品牌鉴赏　043

图9-30 融合了科技元素的经典Chanel套装

时尚界的一大损失,也标志着香奈儿一个时代的结束。在卡尔·拉格斐的领导下,香奈儿成功地从一个历史悠久但略显过时的品牌转变为全球最具影响力的奢侈品牌之一(图9-30)。

随后,卡尔·拉格斐的长期助手维吉尼亚·维亚德(Virginie Viard)接任香奈儿创意总监一职。维吉尼亚·维亚德成为除可可·香奈儿本人之外,第一位担任此职位的女性。她的任命引发了业界的广泛关注,也为香奈儿的未来发展带来了新的期待。维吉尼亚·维亚德在香奈儿工作了30多年,深谙品牌的设计理念和精神内核,她的接任保证了品牌设计风格的连续性。

2019年秋冬高级定制系列是卡尔·拉格斐为香奈儿设计的最后一个系列,也成为了他的告别之作。这场秀的主题是一个宁静的意大利别墅,充满了优雅和怀旧的气息。整个系列既展现了卡尔·拉格斐对香奈儿的深刻理解,也体现了他个人的设计风格。这场秀不仅是对卡尔·拉格斐的致敬,也标志着香奈儿一个重要时代的结束和新时代的开始(图9-31、图9-32)。

2020年,新冠疫情席卷全球,对奢侈品行业造成了巨大冲击。面对这一前所未有的挑战,香奈儿采取了一系列应对措施。品牌关闭了全球所有门店,以保护员工和顾客的健康安全。同时,香奈儿展现了其社会责任感,将部分工厂改造为生产医疗防护用品的设施,为抗击疫情贡献力量。这一决策不仅体现了品牌的灵活应变能力,也彰显了其作为全球性企业的社会责任意识。

2021年是香奈儿品牌历史上的重要里程碑。这一年,品牌庆祝了其标志性产品——香奈儿N°5香水诞生100周年。香奈儿举办了一系列全球性庆祝活动,包括推出限量版香水和珠宝系列。这不仅是对品牌历史的致敬,也是重申香奈

图9-31 卡尔·拉格斐

图9-31　香奈儿女装　　图9-32　香奈儿女装　　图9-33　香奈儿香水广告

儿在香水领域领导地位的绝佳机会。通过这些活动，香奈儿成功地将其悠久历史与现代魅力相结合，吸引了新一代消费者的关注（图9-33）。

2022年，香奈儿在品牌国际化战略上迈出了重要一步。品牌首次在非洲大陆举办时装秀，选址塞内加尔首都达喀尔。这场2022/23 Métiers d'art系列时装秀不仅展示了香奈儿的最新设计，更是一次文化交流的尝试。通过这一举措，香奈儿展现了其对多元文化的尊重和对新兴市场的重视，同时也为非洲时尚产业带来了国际关注（图9-34）。

2023年，香奈儿在科技创新领域取得突破。品牌推出了首款美容科技产品Lipscanner，这是一款利用人工智能技术的唇妆应用。该产品的推出标志着香奈儿开始更深入地探索科技与美容的结合，反映了品牌在数字化时代保持竞争力的决心。这一创新不仅提升了消费者体验，也展示了香奈儿在传统奢侈品行业中引领科技应用的能力。

图9-34　香奈儿2022/23 Métiers d'art系列时装秀

2024年，香奈儿进一步强化了其可持续发展战略。品牌宣布了一系列雄心勃勃的环保目标。除此之外，香奈儿还计划增加可持续材料的使用比例，并在生产过程中采用更环保的方法。这些举措反映了香奈儿对环境责任的重视，也表明品牌正在积极应对消费者和社会对可持续时尚的需求。

10. 迪奥（Dior）品牌介绍

扫二维码看PPT

品牌创立期（1946-1957）

1905年，克里斯汀·迪奥（Christian Dior）出生于法国诺曼底。他在一个富裕的家庭中长大，从小就对艺术和设计表现出浓厚的兴趣。尽管家人希望他成为外交官，但Dior始终坚持自己对时尚的热爱（图10-1）。

图10-1　克里斯汀·迪奥

1946年，在经历了艺术画廊经营和为其他设计师工作的经历后，克里斯汀·迪奥决定创立自己的时装屋。他选择了巴黎蒙田大道30号作为品牌的总部。这个决定标志着迪奥（Dior）品牌的正式诞生，也开启了这个传奇品牌的辉煌历程。当时的迪奥时装屋规模不大，仅有85名员工，但已经蕴含了未来发展的巨大潜力（图10-2）。

图10-2　1947年迪奥第一个服装系列

1947年是迪奥品牌发展史上具有里程碑意义的一年。在这一年，克里斯汀·迪奥推出了他的第一个服装系列，以"New Look"（新风貌）的风格震惊了整个时尚界。这个系列以收腰、结构化轮廓和短而飘逸的裙子为特点，展现了战后人们对奢华和优雅的渴望。"New Look"的首秀在巴黎举行，立即引发轰动，成为时尚界的热门话题，为迪奥赢得了广泛的赞誉和关注（图10-3）。

同年，迪奥还推出了品牌的第一款香水Miss Dior。这款香水的推出标志着迪奥开始将业务拓展到香水领域，为品牌的多元化发展奠定了基础。Miss Dior香水的成

图10-3　迪奥女装

功不仅增加了品牌的收入来源，也提升了迪奥在奢侈品市场的整体影响力（图10-4）。

1948年是迪奥品牌发展的重要一年。这一年，迪奥香水公司正式成立，标志着迪奥开始多元化发展战略。香水业务的拓展不仅丰富了品牌的产品线，也为迪奥带来了新的收入来源，奠定了其在奢侈品市场的发展基础。同年，迪奥在纽约开设了第一家海外专卖店，这是品牌国际化战略的重要一步。通过在美国市场的布局，迪奥不仅扩大了品牌的全球影响力，也为日后的国际化发展积累了宝贵经验。

1949年，迪奥迎来了一个与皇室合作的重要机会。品牌为英国玛格丽特公主21岁生日设计了一件特别的礼服。这件礼服不仅展示了迪奥的卓越设计才华，也强化了品牌与欧洲皇室的联系。这次合作进一步提升了迪奥在高端时尚圈的地位，同时也为品牌赢得了更多贵族和社会名流客户（图10-5）。

1950年，迪奥再次展现了其在婚纱设计方面的卓越才华。品牌为18岁的好莱坞新星伊丽莎白·泰勒设计了婚纱。这件婚纱不仅是泰勒个人生活中的重要物品，也成为迪奥品牌历史

图10-4 第一款香水 Miss Dior

上的经典之作。通过为著名影星设计婚纱，迪奥进一步巩固了其在好莱坞和国际时尚界的影响力（图10-6）。

1953年，迪奥推出了具有开创性的郁金香系列。这个系列引入了更加柔和和自然的线条，标志着迪奥设计风格的一次重要转变（图10-7）。郁金香系列不仅展示了品牌的创新能力，也反映了迪奥对时代审美变化的敏锐洞察。同年，好莱坞巨星玛丽莲·梦露成为迪奥香水的忠实用户。尽管梦露因为一句关于香奈儿N°5的名

图10-5 迪奥为英国玛格丽特公主设计的礼服

图10-6 伊丽莎白·泰勒身穿迪奥婚纱

图10-7 郁金香系列

图10-8 奥黛丽·赫本身穿迪奥礼服

图10-9 迪奥A字型连衣裙

言而广为人知，但她私下里也是迪奥香水的热爱者。这一事实不仅体现了迪奥香水的魅力，也显示了品牌在好莱坞影星中的受欢迎程度。

1954年，奥黛丽·赫本在经典电影《龙凤配》中，身着一袭由迪奥设计的白色舞会礼服惊艳亮相。这件礼服不仅成为电影中的经典画面，也成为迪奥品牌历史上的重要里程碑。它完美展现了迪奥的设计理念：优雅、精致且富有女性魅力。这次合作为品牌在国际舞台上赢得了更多关注（图10-8）。

1955年是迪奥品牌发展的关键一年。这一年，迪奥推出了革命性的A字型连衣裙设计。这种设计以其简洁的线条和舒适的剪裁迅速赢得了女性消费者的青睐。A字型连衣裙不仅体现了迪奥对时代潮流的敏锐洞察，也反映了品牌在保持优雅传统的同时不断创新的精神（图10-9）。

同年，一个重要的人事变动为迪奥的未来埋下了伏笔。年仅19岁的伊夫·圣洛朗（Yves Saint Laurent）加入迪奥，成为克里斯汀·迪奥先生的助手。这位年轻的天才设计师的加入为迪奥注入了新的创意活力，也为品牌的未来发展奠定了基础。伊夫·圣洛朗的才华很快得到了克里斯汀·迪奥的赏识，这段师徒关系对双方的职业生涯都产生了深远的影响（图10-10）。

品牌发展期（1958-2000）

1957年10月，时尚界遭遇了一个巨大的震撼：克里斯汀·迪奥先生突然去世，享年52岁。迪奥先生的离世不仅是品牌的重大损失，也让整个时尚界陷入悲痛。然而，迪奥品牌面临的挑战远不止于此。在这个关键时刻，品牌需要一个能够继承迪奥先生遗志，同时又能为品牌

图10-10 年仅19岁的伊夫·圣洛朗加入迪奥

带来新活力的领导者。

在这种情况下,迪奥做出了一个大胆而富有远见的决定:任命年仅21岁的伊夫·圣洛朗接任创意总监一职。这个决定震惊了时尚界,也引发了诸多质疑。然而,伊夫·圣洛朗很快用自己的才华证明了这个决定的正确性。他成功地延续了迪奥的优雅传统,同时也为品牌注入了年轻和现代的元素,赢得了业界的广泛认可(图10-11)。

然而,伊夫·圣洛朗在迪奥的时光并不长久。1960年,马克·博昂(Marc Bohan)接替伊夫·圣洛朗成为迪奥的创意总监。马克·博昂的任命标志着迪奥进入了一个新的时代。他的设计风格更加温和含蓄,注重实用性和日常穿着,这与当时的社会需求非常契合。在马克·博昂的领导下,迪奥成功地度过了20世纪60年代的社会变革,保持了品牌的稳定发展(图10-12)。

1967年是迪奥品牌发展史上的重要一年,标志着品牌在多个领域的扩张和创新。这一年,迪奥推出了Baby Dior童装系列,将品牌的优雅风格延伸到儿童服装领域。Baby Dior的推出不仅丰富了品牌的产品线,也体现了迪奥对全家庭时尚需求的关注。这一系列的设计融合了迪奥的经典元素和儿童服装的实用性,为高端童装市场带来了新的选择(图10-13)。

同年,马克·博昂为迪奥设计了具有里程碑意义的Oblique图案。这个由CD字母组成的斜纹设计很快成为品牌最具辨识度的视觉元素之一。Oblique图案不仅应用于服装,还广泛使用在包袋、配饰等产品上,成为连接不同时代迪奥设计的重要纽带。这个图案的创造体现了迪奥在保持传统的同时不断创新的品牌理念(图10-14)。

1970年,迪奥迈出了另一个重要的步伐,推出了品牌的首个男装系列。这标志着迪奥从专注于女性时装的品牌,转变为全面的时尚王国。首个男装系列融合了传统剪裁和现代元素,既保留了迪奥一贯的优雅风格,又注重细节和品质。这一系列的推出不仅拓展了品牌的市场,也为迪奥在男装领域的未来发展奠定了基础。

1989年,意大利设计师吉安弗兰克·费雷(Gianfranco Ferré)接任迪奥的创意总监,成为品牌历史上首位非法国籍的创意总监(图10-15)。费雷以其建筑学背景和对结构的精准把握而闻

图10-11 伊夫·圣洛朗

图10-12 马克·博昂与他的设计

图10-13 迪奥推出了Baby Dior童装系列

品牌鉴赏 049

图10-14　Oblique图案

图10-15　吉安弗兰克·费雷

图10-16　迪奥高定女装

图10-17　迪奥高定女装系列

图10-18　迪奥男装系列

图10-19　经典Lady Dior手袋

名，被称为"建筑师设计师"。他的加入为迪奥带来了新的国际视角，同时也保持了品牌的高级定制传统。费雷的设计风格融合了意大利的浪漫与法国的优雅，为迪奥注入了新的创意活力（图10-16、图10-17）。

20世纪90年代末期，迪奥的男装系列由Patrick Lavoix负责。Lavoix在这一时期为迪奥男装的发展作出了重要贡献。他的设计风格融合了传统男装剪裁和现代元素，为迪奥男装建立了初步的风格定位。Lavoix的工作为之后迪奥男装的蓬勃发展奠定了基础，也为品牌在男装市场的地位巩固作出了贡献（图10-18）。

1994年，迪奥品牌推出了一款注定成为经典的手袋——Lady Dior。这款手袋的设计灵感来自于拿破仑三世时期的椅子，采用了菱格绗缝图案，配以圆形手柄和悬挂的"DIOR"字母挂饰，完美体现了品牌的优雅和精致。Lady Dior手袋的推出标志着迪奥在配饰领域的重要突破，为品牌开辟了新的发展方向（图10-19）。

1995年，一个偶然的机会让Lady Dior手袋成为品牌的标志性产品。当年，戴安娜王妃访问巴黎时，法国第一夫人贝尔纳黛特·希拉克赠送她一个迪奥手袋。戴安娜王妃对这个手袋一见钟情，此后频繁使用。迪奥敏锐地捕捉到这一机会，正式将这款手袋命名为Lady Dior，以纪念这位备受爱戴的王妃。这个决定不仅提升了手袋的知名度，也为迪奥品牌赢得了更多皇室和名流客户（图10-20）。

1996年是迪奥品牌发展史上的重要转折点。这一年，才华横溢的英国设计师约翰·加利亚诺（John Galliano）被任命为迪奥的创意总监。约翰·加利亚诺以其大胆前卫的设计风格闻名，他的加入为迪奥注入了全新的创意活力。这一任命反映了迪奥品牌对创新的追求，也预示着品牌即将进入一个充满戏剧性和想象力的新时代。

1998年，约翰·加利亚诺为迪奥举办了一场震惊时尚界的高级定制秀，被称为"马戏团"秀。在这场秀中，模特们化身为小丑、杂技演员和动物驯兽师，穿着华丽夸张的服装在充满奇幻色彩的舞台上走秀。这场秀不仅展示了约翰·加利亚诺天马行空的创意，也将时装秀推向了一种全新的艺术形式。"马戏团"秀成为20世纪90年代时尚界最具标志性的事件之一，彰显了迪奥在约翰·加利亚诺领导下的创新精神（图10-21、图10-22）。

1999年，约翰·加利亚诺为迪奥设计的一件报纸印花连衣裙在热门电视剧《欲望都市》中亮相，立即引起轰动。这件连衣裙采用全身覆盖报纸印花的设计，融合了高级时装和流行文化元素。它不仅展示了约翰·加利亚诺的创新设计理念，也反映了20世纪90年代末期时尚与大众文化日益紧密的关系。这件连衣裙的成功进一步巩固了迪奥在全球时尚界的影响力，也为品牌赢得了更多年轻消费者的青睐（图10-23）。

品牌现阶段（2000至今）

2000年是迪奥品牌发展的重要一年。这一年，才华横溢的设计师艾迪·斯理曼（Hedi Slimane）被任命为迪奥男装的创意总监。艾迪·斯理曼的加入为迪奥男装带来了革命性的变革。他以极度纤细的剪裁和摇滚风格元素著称，创造了"Slimane瘦身"的概念，重新定义了男装的剪裁标准。艾迪·斯理曼的设计不仅影响了整个男装界，也为迪奥赢得了更多年轻和时尚爱好者客户（图10-24）。

同年，迪奥推出了标志性的Saddle马鞍包。这款包以其独特的马鞍形状设计迅速成为时尚界的焦点。Saddle包在21世纪初期风靡全球，成为那个时代的文化象征之一。它不仅展示了迪奥的创新能力，也反映了千禧年前后的时尚

图10-20 戴安娜王妃手持Lady Dior手袋

图10-21 迪奥"马戏团"秀

图10-22 迪奥"马戏团"秀

图10-23 报纸印花连衣裙《欲望都市》剧照

图10-24 迪奥经典男装

图10-25 Saddle马鞍包

趋势（图10-25）。

2007年，克里斯·万艾思（Kris Van Assche）接替艾迪·斯理曼成为迪奥男装的创意总监。克里斯·万艾思的设计风格融合了运动元素和传统剪裁，为迪奥男装带来了新的活力。他在保留艾迪·斯理曼瘦身风格的同时，引入了更多运动和休闲元素，使迪奥男装更加多元化。克里斯·万艾思的加入帮助迪奥进一步扩大了男装客户群，吸引了更多年轻消费者（图10-26）。

2010年，奥斯卡影后娜塔莉·波特曼成为Miss Dior香水的全球代言人。这一合作不仅提升了Miss Dior的形象，也为迪奥赢得了更多年轻消费者。波特曼不仅出演了多支广告片，还深度参与了品牌的慈善项目。她曾表示，之所以选择与迪奥合作，是因为品牌的历史和对女性的尊重（图10-27）。

2012年是迪奥品牌发展史上的又一个重要转折点。这一年，才华横溢的比利时设计师拉夫·西蒙斯（Raf Simons）接任迪奥的创意总监。拉夫·西蒙斯以其极简主义设计风格闻名，他的加入为迪奥注入了全新的创意活力。拉夫·西蒙斯的任命反映了迪奥品牌对创新的追求，也预示着品牌即将进入一个充满现代感和前卫性的新时代（图10-28）。

同年，拉夫·西蒙斯为迪奥举办了他的处女秀，这场秀在巴黎一座私人宅邸举行。整个空间被鲜花装点得如同一个巨大的花园，展现了拉夫·西蒙斯对迪奥品牌历史的致敬。在这场备受瞩目的秀中，拉夫·西蒙斯将迪奥的经典元素与现代简约风格相结合，创造出既优雅又前卫的服装。这场秀不仅获得了业内一致好

图10-26 克里斯·万艾思

图10-27　娜塔莉·波特曼为Miss Dior香水代言

图10-28　迪奥女装系列

评，也标志着迪奥进入了一个新时代。

2013年，迪奥品牌在奥斯卡颁奖礼上再次引起全球瞩目。当时的创意总监拉夫·西蒙斯为奥斯卡影后詹妮弗·劳伦斯设计了一件奶油色晚礼服。这件礼服以其简约优雅的设计和精湛的工艺，完美诠释了拉夫·西蒙斯对迪奥品牌的现代诠释。礼服的设计融合了经典元素和现代感，既保留了迪奥一贯的优雅风格，又展现了品牌与时俱进的创新精神。这次亮相不仅提升了迪奥在好莱坞的影响力，也为品牌赢得了更多年轻消费者的青睐（图10-29）。

2016年是迪奥品牌发展史上的一个重要里程碑。这一年，玛丽亚·嘉西娅·寇丽（Maria Grazia Chiuri）被任命为迪奥的创意总监，成为品牌历史上第一位女性创意总监。玛丽亚·嘉西娅·寇丽的任命不仅反映了迪奥对多元化和性别平等的重视，也为品牌带来了全新的创意视角。她的加入标志着迪奥进入了一个新的时代，品牌开始更多地关注女性需求和社会议题（图10-30）。

图10-29　奥斯卡影后詹妮弗·劳伦斯身穿迪奥晚礼服

图10-30　迪奥时装秀

品牌鉴赏

图 10-31 玛丽亚·嘉西娅·寇丽的处女秀 "We Should All Be Feminists"　图 10-32 迪奥70周年展

　　玛丽亚·嘉西娅·寇丽的处女秀成为时尚界的焦点，她通过这场秀展现了鲜明的女权主义宣言。秀场上，模特们身穿印有"We Should All Be Feminists"（我们都应该是女权主义者）字样的T恤走上T台，引发了广泛讨论。这场秀不仅展示了服装，更传达了一种社会理念，彰显了玛丽亚·嘉西娅·寇丽对迪奥品牌的全新诠释。她成功地将社会议题与高级时装相结合，为迪奥注入了更多现代元素和社会责任感（图10-31）。

　　2017年，迪奥迎来了品牌成立70周年的重要时刻。为庆祝这一里程碑，迪奥在巴黎装饰艺术博物馆举办了名为"Christian Dior: Designer of Dreams"的大型回顾展。这个展览全面回顾了迪奥从创立至今的发展历程，展示了品牌在不同时期的标志性作品和创新成就。展览不仅吸引了大量观众，也引发了业界对迪奥品牌历史和文化价值的深入讨论。这次展览后来在全球多个城市巡展，成为时尚界的重要事件，进一步巩固了迪奥在全球奢侈品市场的领导地位（图10-32）。

　　2018年，迪奥在男装领域迎来了重要变革。金·琼斯（Kim Jones）被任命为迪奥男装创意总监，为品牌注入了新的活力。金·琼斯以其创新的设计理念和对街头文化的敏锐洞察力而闻名。他的加入标志着迪奥男装进入了一个更加现代和多元化的新时代。金·琼斯成功地将高级时装与街头文化元素相结合，推出了多个备受关注的联名系列，吸引了更多年轻消费者，同时也保持了迪奥的高端品质和工艺传统（图10-33）。

　　2019年，迪奥在全球化战略上迈出了重要一步。品牌在迪拜举办了首场中东地区的时装秀，这不仅展示了迪奥对新兴市场的重视，也体现了品牌对多元文化的尊重和包容。这场秀融合了迪奥的经典元素和中东文化特色，获得了当地观众和国际媒体的广泛好评。通过这次秀，迪奥成功地将品牌形象深入中东市场，为未来在该地区的发展奠定了基础（图10-34）。

　　2020年，面对全球新冠疫情带来的挑战，迪奥品牌展现了其在数字化领域的创新能力。这一年，迪奥开始积极探索数字化展示方式，推出了多场线上时装秀和虚拟展览。其中最引人注目的是2021早春系列的数字化虚拟秀。这场虚拟秀结合了实体服装和数字技术，创造出一个梦幻般的意大利莱切小镇场景。虽然没有现场观众，但这场秀通过直播吸引了数百万在线观众，展示了迪奥在数字时代的适应能力和创新精神。这次尝试不仅解决了疫情期间无法举办实体秀的问题，也为品牌开辟了新的展示渠道，为未来的数字化转型奠定了基础。

2021年，迪奥继续拓展其品牌边界，与知名运动品牌（泰诺健）Technogym展开合作，推出了一系列联名健身器材。这次跨界合作不仅展示了迪奥在生活方式领域的影响力，也反映了品牌对健康生活理念的重视。通过将高级时装的美学理念融入健身器材设计，迪奥成功地将其品牌价值延伸到了新的产品类别，吸引了追求时尚与健康兼顾的高端消费群体（图10-35）。

2022年，迪奥在品牌发展史上迎来了一个重要里程碑。品牌在其发源地——巴黎蒙田大道30号原址开设了"La Galerie Dior"。这个集博物馆、精品店和咖啡厅于一体的空间成为迪奥的新地标。La Galerie Dior不仅展示了品牌的历史和传统，也为顾客提供了一个全方位体验迪奥文化的场所。将购物、文化和休闲体验有机结合的举措体现了迪奥对品牌传承的重视，同时也为奢侈品零售模式提供了新的思路（图10-36）。

2023年，迪奥在全球化战略上又迈出了重要一步。品牌在印度孟买举办了首场印度时装秀，这不仅展示了迪奥对新兴市场的重视，也体现了品牌对多元文化的尊重和包容。这场秀融合了迪奥的经典元素和印度文化特色，获得了当地观众和国际媒体的广泛好评。通过这次秀，迪奥成功地将品牌形象深入印度市场，为未来在南亚地区的发展奠定了基础（图10-37）。

图10-33　金·琼斯被任命为迪奥男装创意总监

图10-34　迪拜首场中东地区的时装秀

图10-35　与知名运动品牌泰诺健展开合作

图10-36　巴黎"La Galerie Dior"

图10-37　印度时装秀

2024年，迪奥在中国香港举办了2024早秋男装系列时装秀。选择中国香港作为举办地，不仅体现了品牌对这个国际金融中心的信心，也表明迪奥正在积极布局大中华区市场。这场秀进一步巩固了迪奥在全球奢侈品市场的领先地位（图10-38）。

图10-38　2024早秋男装系列时装秀

11. 巴黎世家（Balenciaga）品牌介绍

品牌创立期（1917-1986）

1895年1月21日，克里斯托瓦尔·巴伦西亚加（Cristóbal Balenciaga）诞生于西班牙巴斯克自治区的赫塔里亚镇（一个小渔村）。巴伦西亚加出身于一个普通家庭，父亲是一名船员，母亲则以裁缝为生。在母亲的影响和指导下，年幼的巴伦西亚加对缝制衣物产生了浓厚的兴趣，并掌握了基本的缝纫技能。

1911年，16岁的巴伦西亚加凭借自己的才能和热情，在圣塞巴斯蒂安创立了自己的第一家时装工作室，并以"BALENCIAGA"巴黎世家为名。这标志着他正式踏入时装设计领域，开启了他传奇的设计生涯（图11-1）。

1937年，巴伦西亚加在巴黎乔治五世大街10号开设了自己的时装屋。这一举动使他在高级定制时装界崭露头角，并为日后成为世界顶级设计师奠定了基础。巴伦西亚加的设计以精湛的手工技艺、对比例和精确度的重视而著称，他不断探索新的面料和剪裁方式，创造出许多革命性的时装款式。

1947年，巴伦西亚加推出了barrel（桶型）和balloon（气球型）线条设计。这些设计突破了传统美学，展现了巴伦西亚加独特的创新精神和对女性身材的全新诠释。这些作品不仅在当时引起轰动，更成为此后几十年的经典之作，影响深远（图11-2、图11-3）。

1968年，巴伦西亚加做出了一个令时尚界震惊的决定——关闭了自己的巴黎世家时装屋。这一决定标志着一个时代的结束，但巴伦西亚加的影响力并未因此消失。他的设计理念和技术继续通过他培养的众多设计师传承下去，

图11-1　克里斯托瓦尔·巴伦西亚加

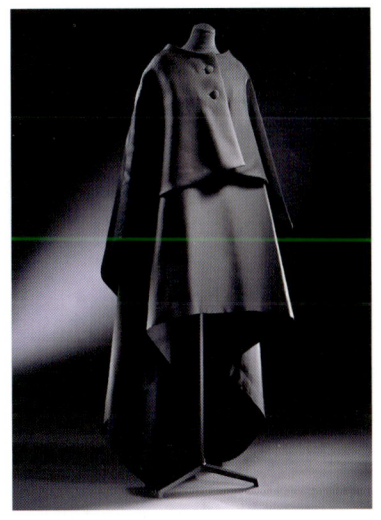  

图 11-2　barrel（桶型）线条设计　　图 11-3　和 balloon（气球型）线条设计　　图 11-4　尼古拉·盖斯奇埃尔

包括 Hubert de Givenchy、Emmanuel Ungaro 和 André Courrèges 等。

1972 年，克里斯托瓦尔·巴伦西亚加逝世，巴伦西亚加的影响力深远，甚至被纪梵希称为"所有人的导师"。

品牌发展期（1986-2015）

1986 年，巴黎世家品牌迎来了重要的转折点。尽管创始人已经去世多年，品牌并未就此消失。这一年，巴黎世家被 Jacques Bogart S.A. 收购，为品牌注入了新的活力。这次收购为巴黎世家的复兴奠定了基础，使其能够继续在国际时尚舞台上发展。

1997 年，巴黎世家迎来了新的创意领袖。尼古拉·盖斯奇埃尔（Nicolas Ghesquière）被任命为巴黎世家的创意总监，这一决定为品牌带来了全新的视角和创意。尼古拉·盖斯奇埃尔延续了品牌精湛的剪裁传统，同时也为巴黎世家注入了现代感和新活力。他的设计注重线条和创新，既延续了巴黎世家的经典风格，又融入了未来主义的元素（图 11-4）。

2000 年代初期，尼古拉·盖斯奇埃尔为巴黎世家创造了一个标志性的产品——机车包（City Bag）。这款包以其独特的金属铆钉、流苏装饰和柔软的羊皮材质，迅速成为时尚圈的宠儿。City Bag 不仅时尚，还兼具实用性，容量大且轻便，是日常使用和街拍的完美选择。其设计风格融合了都市感与奢华感，成为尼古拉·盖斯奇埃尔为巴黎世家重塑现代形象的标志，也成为品牌在新世纪的代表作之一（图 11-5）。

图 11-5　机车包（City Bag）

2012年，巴黎世家再次迎来变革。亚历山大·王（Alexander Wang）接任巴黎世家创意总监，为品牌带来了新的设计理念。作为一位亚裔设计师，亚历山大·王以简约和运动风格为特点，为巴黎世家注入了年轻和现代的魅力。他常用黑白色调和中性色，推出男女皆宜的宽松外套和衬衫等设计，打破了传统的性别界限。亚历山大·王的加入标志着巴黎世家在保持高端奢华形象的同时，也开始更多地关注年轻消费群体的需求（图11-6）。

2013年秋冬，亚历山大·王为巴黎世家推出了以解构设计为主的系列。这一系列作品以简约明快的风格为特点，通过解构传统服装结构，展现了亚历山大·王对巴黎世家经典元素的现代诠释。他巧妙地将花卉图案融入皮革刺绣中，既体现了品牌一贯追求的精湛裁缝技艺，又注入了新鲜的设计理念。这一系列作品标志着亚历山大·王开始在巴黎世家品牌中逐步确立自己的设计风格（图11-7）。

2014年秋冬系列中，亚历山大·王进一步展示了他对文化融合的探索。他将苗族传统服饰的几何图案巧妙地融入设计中，创造出了一系列既有民族特色又不失现代感的作品。这一系列不仅展现了亚历山大·王对多元文化的尊重和理解，也体现了巴黎世家品牌在创新与传统结合方面的不懈追求。通过这种创新，亚历山大·王成功地为巴黎世家注入了新的活力，同时也保持了品牌的高端形象（图11-8）。

2015年，巴黎世家迎来了新的创意领袖。Demna Gvasalia被任命为品牌的创意总监，这一决定为巴黎世家带来了全新的设计理念和品牌定位。Gvasalia以其前卫、大胆的设计风格闻名，他的加入标志着巴黎世家将进入一个更加创新和实验性的时代（图11-9）。

在Gvasalia的领导下，巴黎世家推出了两款极具影响力的鞋款。2017年左右，Triple S老爹鞋和Speed Trainer袜子鞋相继问世。Triple S以其夸张的三层鞋底设计引领了"丑鞋"美学潮流，成为街头时尚的标志性单品。而Speed Trainer则以其袜子般贴合脚部的设计和超轻鞋底，展现了运动与奢侈品结合的创新理念。这两款鞋不仅在商业上取得了巨大成

图11-6 亚历山大·王

图11-7 亚历山大·王为巴黎世家推出了以解构设计为主的系列

图11-8 亚历山大·王为巴黎世家推出了苗族传统服饰的几何图案系列

图11-9 Demna Gvasalia

图11-10　Triple S 老爹鞋

图11-11　Speed Trainer 袜子鞋

图11-12　品牌创意总监 Demna Gvasalia 与知名社交媒体名人 Kim Kardashian

功，也重新定义了巴黎世家在时尚界的地位（图11-10、图11-11）。

品牌现阶段（2015至今）

2020年，Gvasalia做出了一个具有历史意义的决定：重启巴黎世家的高级定制系列。这不仅是对品牌创始人克里斯托瓦尔·巴伦西亚加遗产的致敬，也是巴黎世家在新时代重新确立其高端奢侈品牌地位的重要举措。更具突破性的是，Gvasalia首次推出了男装高级定制系列，打破了高级定制一直以来以女装为主的传统。这一举措不仅拓展了品牌的业务范围，也反映了当代时尚界对性别界限日益模糊的趋势。

2021年，巴黎世家在Met Gala上引起了广泛关注。品牌创意总监Demna Gvasalia与知名社交媒体名人Kim Kardashian一同亮相，展示了一套全黑的、覆盖全身的造型。这一设计不仅体现了巴黎世家的前卫风格，也引发了关于身份认同和时尚表达的讨论。Kim Kardashian的参与进一步提升了品牌的全球影响力，尤其是在社交媒体平台上（图11-12）。

2022年，巴黎世家推出了一个探讨科技与现实界限的系列，展现了品牌对未来时尚的前瞻性思考。这个系列运用了数字克隆和深度伪造技术，每个造型都在艺术家Eliza Douglas身上展示。通过这种创新的呈现方式，巴黎世家不仅展示了服装设计，还探讨了数字时代下身份、真实性和虚拟现实等深层次议题。这一系列的推出标志着时尚与科技的深度融合，为未来的时装展示开辟了新的可能性（图11-13）。

2023年，巴黎世家在巴黎举办了备受瞩目的"泥地秀"春夏系列。这场秀极具象征意义，以充满泥泞的跑道作为背景，象征着当下世界的混乱与不安。更引人注目的是，说唱歌手Kanye West作为开场模特踏入泥泞的跑道，为整个秀场定下了强烈的基调。模特们身着覆盖泥浆效果的服装，进一步打破了传统奢侈品的洁净与完美形象。这场秀不仅展示了服装，更是对现实世界的一种艺术化呈现，体现了Demna Gvasalia对时尚与社会议题的深刻思考（图11-14）。

2023年是巴黎世家在品牌代言人策略上的重要一年。12月，奥斯卡影后尼克·基德曼（Nicole Kidman）被宣布为巴黎世家新任代言人。尼克·基德曼曾多次在品牌活动中亮相，并参与了2023年春季广告拍摄，她优雅而独特的个人风格

图11-13 科技与现实的界限系列

图11-14 "泥地秀"春夏系列

图11-15 奥斯卡影后尼克·基德曼为巴黎世家代言

与巴黎世家的品牌形象高度契合（图11-15）。

同年，巴黎世家还邀请了多位国际知名人士成为品牌代言人，进一步扩大了品牌的全球影响力。其中包括：

杨紫琼（Michelle Yeoh）。作为备受赞誉的演员和制作人，杨紫琼以其优雅而坚韧的形象完美契合巴黎世家的品牌精神，为品牌注入了更多国际化和多元文化的元素（图11-16）。

Isabelle Huppert。这位法国著名演员的加入,强化了巴黎世家在欧洲市场的形象,她独特的个性和时尚品味与品牌的前卫风格相得益彰(图11-17)。

PP Krit Amnuaydechkorn:这位泰国演员和歌手的加入,代表着巴黎世家在亚洲市场的战略布局,旨在吸引更多年轻消费群体(图11-18)。

2024年初,巴黎世家迎来了一位重量级代言人。金·卡戴珊(Kim Kardashian)正式成为品牌代言人,这一决定标志着巴黎世家在社交媒体和流行文化领域影响力的进一步扩大。金·卡戴珊作为全球知名的社交媒体名人和时尚符号,她与巴黎世家的合作不仅提升了品牌在年轻消费群体中的知名度,也为品牌注入了更多现代和前卫的元素。这一合作是巴黎世家在数字时代品牌营销策略的重要一步(图11-19)。

同年,巴黎世家在洛杉矶举办了一场引人注目的秋冬时装秀。这是品牌历史上首次在洛杉矶举办时装秀,选址在一条豪华的住宅街区,充分展现了品牌对美国西海岸生活方式的理解和诠释。秀场设计融合了洛杉矶特有的时尚风格,模特们身着运动风格的服装,如天鹅绒运动套装和厚底UGG风格的高跟靴,手持品牌与当地知名有机超市Erewhon合作推出的联名咖啡杯和环保袋。最引人瞩目的是,说唱歌手Cardi B作为压轴模特出场,身着富有戏剧性的服饰,为整场秀增添了浓厚的好莱坞氛围。这场秀不仅展示了巴黎世家的最新设计,也体现了品牌对当地文化的尊重和融合(图11-20)。

图11-16　杨紫琼

图11-17　Isabelle Huppert

图11-18　PP Krit Amnuaydechkorn

图11-19　金·卡戴珊

图11-20　2024洛杉矶秋冬时装秀

2024年的巴黎高级定制秋冬秀再次展现了巴黎世家打破传统界限的勇气。这场秀采用了多种创新材料和呈现方式，挑战了人们对高级定制的固有认知。秀场使用了丹宁、皮革甚至缎面潜水面料等非传统高定材料，配以冥想音轨作为背景音乐，带领观众进入一种感官放松的状态。这种创新不仅体现在材料选择上，还延伸到了设计理念和呈现方式。Demna Gvasalia以创新的方式重新诠释了高级定制，将街头风格和实验性材料融入其中，继续探索高级定制的多样性和可能性。这场秀不仅展示了服装，更是对当代艺术和时尚边界的一次突破性探索（图11-21）。

2024年，巴黎世家将目光投向了东方，在上海举办了春季系列时装秀。这场秀不仅是品牌首次在亚洲发布的大秀，也是继纽约、洛杉矶之后访问的第三座城市，体现了品牌对亚洲市场的重视。秀场选在上海文化新地标浦东美术馆的高架露台上，背靠黄浦江，远眺东方明珠塔，充分利用了上海独特的城市景观。设计灵感源自上海的城市天际线，Demna Gvasalia创造了一系列垂直延展的廓形，呼应城市的高耸建筑。系列中包括了创新面料的应用，如数码打印连体衣，模拟裤子和衬衫的效果，还有用礼品包装金箔和塑料袋制作的礼服。这场秀不仅展示了巴黎世家独特的设计风格，也体现了品牌对东西方文化融合的探索，为国际时尚界带来了全新的视角和灵感（图11-22）。

12. 伊夫·圣洛朗（Yves Saint Laurent）品牌介绍

品牌创立期（1962-1983）

1936年8月1日，伊夫·圣洛朗（Yves Saint Laurent）诞生于阿尔及利亚的奥兰。他从小在母亲的影响下对服装设计产生了浓厚兴趣，展现出非凡的艺术天赋。

图11-21　2024年的巴黎高级定制秋冬秀

图11-22　上海2024春季系列时装秀

1953年，年仅17岁的圣洛朗的时装设计画作引起了《法国时尚》杂志主编米歇尔·德·布朗霍夫的注意。这次偶然的发现为年轻的圣洛朗打开了通往时尚界的大门。

1955年，19岁的圣洛朗进入克里斯汀·迪奥工作。在这里，他很快展现出非凡的才华，为自己日后的事业奠定了坚实的基础。

1957年，克里斯汀·迪奥突然去世，年仅21岁的圣洛朗被任命为迪奥品牌的艺术总监。这一任命使他成为历史上最年轻的高级时装设计师，标志着他在时尚界地位的迅速提升（图12-1）。

图12-1　伊夫·圣洛朗

1960年，由于阿尔及利亚独立战争的爆发，圣洛朗被征召入伍服役。这段经历对他的人生和创作产生了深远的影响，成为他日后设计灵感的重要来源。

1962年，伊夫·圣洛朗与他的伴侣兼商业搭档皮埃尔·贝尔热（Pierre Berge）共同创立了伊夫·圣洛朗时装屋。在美国企业家 J. Mack Robinson 的资金支持下，他们于1月20日在巴黎 Spontini 大街开设了第一间工作室。圣洛朗的首个系列不仅引发轰动，也标志着成衣平民化的开始。他的设计获得了法国上流社会和美国百货公司买家的青睐，YSL品牌迅速在时尚界崭露头角（图12-2）。

1963年，YSL品牌的标志性Logo由著名平面设计师A.M.卡桑德设计完成。这个简洁而富有辨识度的Logo成为品牌的重要视觉标识，为YSL的品牌形象奠定了基础（图12-3）。

1965年，圣洛朗创作了著名的蒙德里安裙。这款裙子的灵感来自荷兰画家

图12-2　伊夫·圣洛朗早期作品

图12-3　品牌标识

图12-4　蒙德里安裙

品牌鉴赏

蒙德里安的作品，将抽象艺术与时装完美结合，成为20世纪60年代的标志性设计之一。这一创作开创了艺术与时尚结合的先河，影响了后来众多设计师（图12-4）。

1966年，圣洛朗为女性推出了革命性的"Le Smoking"燕尾服套装。这是第一款专为女性设计的晚礼服式西装，彻底改变了女性着装的概念，为女性提供了更多的着装选择，也象征着女性地位的提升（图12-5）。

同年，第一家YSL Rive Gauche成衣精品店在巴黎开业。这标志着YSL将高级时装的设计理念带入日常穿着，开创了设计师品牌成衣的先河。Rive Gauche系列使高级时装设计更加平民化，为更多人提供了接触设计师作品的机会，这一举措改变了整个时尚产业的格局（图12-6）。

1967年，圣洛朗推出了以非洲为灵感的"非洲"系列。这个系列体现了圣洛朗对多元文化元素的借鉴和创新运用，展现了他将不同文化融入时尚设计的才能。这一系列不仅丰富了YSL的设计风格，也为时尚界带来了新的灵感来源（图12-7）。

1968年，伊夫·圣洛朗推出了极具争议的透明设计系列。这一大胆的创新挑战了传统的着装观念，彰显了女性的自信和魅力。透明装的出现不仅在时尚界引起轰动，也反映了当时社会文化的变革和女性解放运动的影响。这一系列成为圣洛朗挑战传统、推动时尚边界的代表作（图12-8）。

1971年，圣洛朗推出了受20世纪40年代时尚启发的"解放"系列，引发了巨大轰动。这个系列融合了二战时期的复古元素和现代设计，包括宽肩、短裙和夸张的配饰。"解放"系列不仅在审美上引起争议，也被视为对战争记忆的不敏感处理。然而，这一系列同时展现了圣洛朗对历史的独特诠释和其打破常规的设计理念（图12-9）。

1974年，YSL时装屋将总部迁至巴黎著名的5号马尔索大道。这一搬迁标志着品牌的成长和扩张，新的地址很快成为巴黎时尚界的重要地标。这里不仅是YSL创作的中心，也成为了

图12-5　"Le Smoking"燕尾服套装

图12-6　第一家YSL Rive Gauche成衣精品店

图12-7　1967年，圣洛朗推出了以非洲为灵感的"非洲"系列

图12-8　透明设计系列

图12-9　"解放"系列

图12-10　YSL巴黎总部

接待名流客户和举办重要活动的场所，进一步巩固了YSL在高级时装界的地位（图12-10）。

1976年，圣洛朗推出了"俄罗斯农民"系列，这个系列融合了俄罗斯民间服饰元素和奢华的高级时装设计。通过使用丰富的刺绣、鲜艳的色彩和宽松的剪裁，圣洛朗再次展现了他将不同文化元素融入现代时装的才能。这一系列不仅丰富了YSL的设计风格，也为当时的时尚界带来了新的灵感来源（图12-11）。

1978年，YSL品牌实现了重要的业务扩张，推出了自己的化妆品系列。这一举措使YSL从纯粹的服装品牌转变为全方位的奢侈品牌，为更广

图12-11　"俄罗斯农民"系列

图12-12　YSL化妆品系列

泛的消费者群体提供了接触YSL品牌的机会。化妆品系列的推出不仅拓展了品牌的产品线，也增加了品牌的收入来源，为YSL的持续发展奠定了基础（图12-12）。

同年，圣洛朗创作了以歌剧《波吉与贝丝》为灵感的系列，并选用模特穆尼亚·奥罗塞曼展示这一系列。这一选择具有重要的文化和社会意义，因为奥罗塞曼是首位在YSL高级定制时装秀中走秀的黑人模特。这不仅体现了圣洛朗对多元文化的尊重，也反映了时尚界逐渐开放和包容的趋势。这一系列的推出被视为时尚界多样性发展的一个重要里程碑（图12-13）。

图12-13　以歌剧《波吉与贝丝》为灵感的系列

品牌发展期（1983-2011）

1983年，伊夫·圣洛朗创造了时尚界的一个重要里程碑，成为首位在纽约大都会艺术博物馆举办个人回顾展的在世设计师。这一展览不仅肯定了圣洛朗在时尚界的卓越地位，也标志着时装设计首次被正式认可为一种艺术形式。展览展示了圣洛朗25年来的创作，包括他标志性的蒙德里安裙和吸烟装等作品，吸引了大量观众，进一步提升了YSL品牌的文化影响力（图12-14）。

1993年，YSL品牌经历了重大的所有权变更，被出售给法国制药巨头赛诺菲（Sanofi）。这次交易标志着YSL从一个独立的时装屋转变为大型企业集团旗下的品牌。虽然伊夫·圣洛朗仍然保留了对高级定制系列的创意控制权，但这一变化为品牌的商业运营带来了新的挑战和机遇。

1998年，为了振兴品牌的成衣系列，YSL聘请了才华横溢的设计师阿尔贝·艾尔巴兹（Alber Elbaz）担任成衣系列的负责人。艾尔巴兹以其现代优雅的设计风格闻名，他的加入为

图12-14 纽约大都会艺术博物馆举办个人回顾展

图12-15 阿尔贝·艾尔巴兹

YSL注入了新的创意活力，为品牌在新世纪的发展奠定了基础（图12-15）。

1999年，YSL品牌再次易主，被意大利奢侈品集团古驰（现为开云集团）收购。这次收购是奢侈品行业整合的一个重要标志。随后，古驰任命了当时备受瞩目的设计师汤姆·福特（Tom Ford）为YSL的创意总监。福特以其大胆、性感的设计风格著称，他的加入为YSL带来了全新的设计理念和品牌形象，吸引了更多年轻消费者的关注（图12-16）。

2002年，这一年标志着YSL品牌历史上的一个重要转折点。品牌创始人伊夫·圣洛朗宣布退休，并举办了他的最后一场高级定制时装秀。这场被誉为"世纪谢幕"的时装秀不仅回顾了圣洛朗40年的辉煌设计生涯，也象征着一个时代的结束。圣洛朗的退休引发了时尚界的广泛关注和讨论，同时也为品牌的未来发展方向带来了新的思考（图12-17）。

2004年，斯特凡诺·皮拉蒂（Stefano Pilati）接任YSL创意总监一职。皮拉蒂的设计风格更加注重女性的优雅和实穿性，他强调结构化剪裁和中性风格。在他的领导下，YSL推出了New Vintage系列，使用库存面料制作限量版服装，倡导可持续时尚理念。皮拉蒂还推出了多款经典手袋和鞋履，如Muse包和Tribute鞋，丰富了品牌的配饰产品线（图12-18）。

图12-16 汤姆·福特设计风格大胆、性感

图12-17 品牌创始人伊夫·圣洛朗宣布退休

品牌现阶段（2011至今）

2012年，海迪·斯利曼（Hedi Slimane）被任命为YSL的创意总监，为品牌带来了巨大变革。斯利曼将品牌成衣系列更名为"Saint Laurent Paris"，这一决定引发了广泛讨论。他将品牌推向更年轻和摇滚的风格，大量运用皮革、铆钉等摇滚元素，延续了其在迪奥男装时期的纤细廓形美学。斯利曼还改变了品牌的Logo设计，采用更简约的黑白美学，并大力发展男装系列，使其成为品牌的重要组成部分（图12-19）。

2016年，安东尼·瓦卡雷洛（Anthony Vaccarello）接任YSL创意总监。瓦卡雷洛继续发展YSL的性感和前卫风格，同时也致力于致敬品牌传统。他的设计以极简性感为特点，大量使用黑色，突出YSL的经典色彩。瓦卡雷洛还重塑了品牌的经典设计，如将吸烟装设计成超短款式。在他的领导下，YSL积极拥抱社交媒体和数字营销，并在标志性地点如埃菲尔铁塔下举办大秀，提升品牌影响力（图12-20）。

2017年，伊夫·圣洛朗博物馆在巴黎开幕，这是继马拉喀什博物馆之后的第二个YSL博物馆。博物馆展示了品牌的历史和伊夫·圣洛朗的作品，进一步提升了YSL的文化价值。这两个博物馆的开设不仅展示了YSL在时尚史上的重要地位，也为公众提供了深入了解品牌历史和创始人艺术理念的机会（图12-21）。

2020年，在全球疫情背景下，YSL加速了数字化转型，推出了虚拟试衣等创新服务，并加强了线上销售渠道。同年，YSL任命BLACKPINK的成员罗莎（Rosé）为品牌全球代言人。这一决定反映了品牌吸引年轻消费群体的策略，同时也体现了YSL对亚洲市场的重视（图12-22）。

2022年，YSL宣布了一系列可持续发展计划，包括使用环保材料、减少碳排放等措施。这一举措响应了全球对可持续时尚的呼声，体现了品牌对社会责任的承担和对未来发展的长远规划（图12-23）。

图12-18　New Vintage 系列

图12-19　黑白美学

图12-20　安东尼·瓦卡雷洛的设计

图12-21　第二个YSL博物馆

图12-22　BLACKPINK的成员罗莎为品牌全球代言人

图12-23　环保计划

2023年，YSL成立了专注于电影制作的圣洛朗制作公司。这一举措展示了品牌在跨界发展和文化影响力扩张方面的野心，同时也为品牌提供了新的创意表达和营销渠道。通过电影制作，YSL不仅能够讲述品牌故事，还能进一步提升其在文化和艺术领域的影响力（图12-24）。

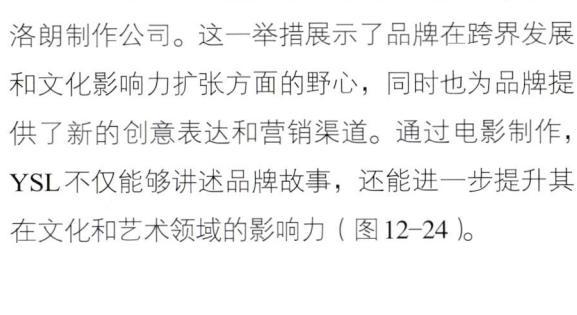

图12-24　YSL成立了专注于电影制作的圣洛朗制作公司

13. 罗意威（Loewe）品牌介绍

品牌创立期（1846-1905）

1846年，罗意威（Loewe）品牌在马德里创立。这家小型皮革工作坊由西班牙皮革技工师创办，专门制作精致的皮革用品，如皮革小盒、相架、皮袋、皮包和烟丝盒等（图13-1）。

1872年，来自德国的皮革匠人恩里克·洛伊·罗斯伯格（Enrique Loewe Roessberg）来到马德里，凭借多年制作皮革的丰富经验加入了这个工作坊。年轻有为的恩里克很快展现出非

图13-1　品牌成立

品牌鉴赏　**069**

图13-2 恩里克·洛伊·罗斯伯格加入工坊

凡的才华和商业头脑。他精湛的皮革工艺和创新的设计理念为工作坊带来了新的活力。在他的带领下，工作坊的产品很快在西班牙贵族界内崭露头角，并吸引了众多国内外的贵宾，甚至引起了欧洲富豪的关注（图13-2）。

1894年，由于制皮工作坊的另两位合伙人相继离开，恩里克·洛伊·罗斯伯格成为工作坊唯一的老板。他做出了一个重要决定，以自己的姓氏"LOEWE"为品牌命名，正式确立了罗意威品牌。这个决定不仅体现了恩里克的远见，也标志着罗意威作为一个独立品牌的诞生。随后，罗意威在马德里当时集商业与文化艺术于一身的Calle Principe街建立了总部。凭借优良的品质和新颖的设计，罗意威很快成为名流富甲们的首选品牌（图13-3）。

1905年是罗意威品牌历史上的里程碑。这一年，罗意威荣获了西班牙皇室颁发的"Purveyor to the Royal Household"（皇室供应商）荣誉称号。这一殊荣不仅是对罗意威卓越工艺的肯定，更奠定了其在奢侈品行业中的超然地位。从此，罗意威成为西班牙皇室的御用品牌，为皇室成员提供各种定制皮具（图13-4）。

据皇室文献记载，当时的国王阿方索十三世经常向罗意威定制各种精品，包括镶有纯银

图13-3 马德里总部

图13-4 西班牙皇室

及象牙的红皮箱子、皮革文件盘、废纸箱、表盒、以摩洛哥皮革制成的首饰盒、皮制文件夹、各款手袋，以及用各式珍贵皮革制成的案头用品等（图13-5、图13-6）。

图13-5 皇家授权定制

品牌发展期（20世纪20年代-21世纪初）

进入20世纪20年代，Loewe开始了新的发展阶段。品牌不断扩大业务范围，在巴塞罗那开设了两家新店，同时在工场内增设机械设备，逐步实现工业化生产。这一时期的创新为Loewe日后的发展奠定了基础，使其能够在保持传统工艺的同时，提高生产效率，满足不断增长的市场需求（图13-7）。

1945年，José Pérez de Rozas成为罗意威的首位正式创意总监，开启了品牌的新纪元。作为二战后重振品牌的关键人物，Pérez de Rozas为Loewe带来了全新的现代化设计风格（图13-8）。

他的设计巧妙地融合了西班牙传统工艺与现代设计理念，注重细节，每一针每一线都体现了罗意威的高品质追求。在他的领导下，罗意威的作品呈现出一种典雅而不失时尚的气质，深受上流社会青睐。Pérez de Rozas还推动了品牌在产品线和工艺方面的创新，如将橱窗设计提升到艺术高度，扩展配饰领域，并推动新型皮革处理技术的应用。他的贡献为罗意威奠定了作为高端奢侈品牌的基础，为品牌后续的发展指明了方向（图13-9）。

图13-6 工具箱

图13-7 巴萨罗纳分店

图13-8 José Pérez de Rozas

图13-9 橱窗设计

20世纪50年代，一个传奇性的事件为罗意威增添了浪漫色彩。据传，著名作家欧内斯特·海明威在马德里期间，将一个罗意威包作为礼物赠送给了好莱坞女演员艾娃·加德纳。虽然具体日期无法确定，但这一轶事凸显了罗意威在当时已经成为上流社会和文化名人青睐的品牌。这个故事也成为罗意威品牌历史中一个富有传奇色彩的片段，展示了品牌与文化艺术界的密切联系（图13-10）。

20世纪70年代，罗意威推出了标志性的Flamenco包。这款包以其极具柔软质感的皮革和独特的褶皱设计而闻名，完美展现了西班牙文化中的热情与优雅。Flamenco包的设计灵感来源于西班牙传统舞蹈佛拉明戈，其柔美与优雅的设计完美诠释了罗意威对西班牙传统手工艺的传承与创新（图13-11）。

1975年，罗意威推出了另一款具有里程碑意义的产品——Amazona包。这款包的设计灵感来自男士公文包，象征了当时崛起的女权意识。Amazona包凭借其卓越的功能性和多样化的设计，成为各类场合和风格中的百搭单品。它选用顶级皮革，确保质感与耐用性，设计简洁大方，配备多功能口袋，适合日常与职场使用，完美融合了经典与现代感。Amazona包的推出不仅丰富了罗意威的产品线，也反映了品牌对社会变革的敏锐洞察（图13-12）。

1997年，在罗意威被LVMH集团收购后，纳西索·罗德里格斯（Narciso Rodriguez）成为品牌的创意总监，为罗意威带来了简约主义风格。纳西索·罗德里格斯的设计以简洁利落的线条著称，将罗意威的传统元素以更加现代的方式呈现。他模糊了男装和女装之间的界限，创造出更多中性化的设计。在保留罗意威经典色调的同时，纳西索·罗德里格斯引入了更多鲜明和大胆的色彩。他大力发展罗意威的成衣系列，使品牌不再仅仅依赖于皮具产品。纳西索·罗德里格斯的设计为罗意威带来了更多年轻和时尚的客户群，提升了品牌在国际时尚界的影响力（图13-13）。

2001年，José Enrique Oña Selfa接任罗意威创意总监一职，为品牌注入了新的设计理念。Oña Selfa的设计风格既传承了罗意威的传统，又融入了现代元素。他注重服装的结构设计，创造出既舒适又富有形态感的作品，同时巧妙地将西班牙的民族元素融入现代设计中。在他的领导下，罗意威在传统皮革工艺的基础上进行了创新，如引入新的染色技术和纹理处理方法。此外，Oña Selfa还开始在设计中考虑可持续发展因素，使用更多环保材料，并推动了罗意威与艺术家的合作，将艺术元素引入时装设计（图13-14）。

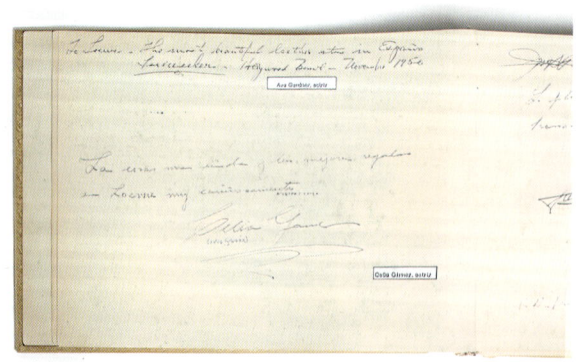

图13-10　店铺留言簿

图13-11　Flamenco包

图13-12　Amazona包

图 13-13　罗意威的成衣系列　　　　　　　　　　　　　　　图 13-14　Oña Selfa 的设计

品牌现阶段（2007 至今）

2007年，Stuart Vevers 接替 Oña Selfa 成为罗意威的创意总监，为品牌带来了一股清新的英伦风。Vevers 致力于使罗意威的设计更加年轻化，吸引新一代消费者。他将街头时尚元素巧妙地融入高端设计中，同时善于将罗意威的经典元素以现代方式重新诠释。在 Vevers 的领导下，罗意威大力发展了男装系列，扩大了品牌的受众群体。他还推动了罗意威与多个领域艺术家的合作，增加了品牌的文化内涵（图 13-15）。

2010年，Stuart Vevers 对罗意威的经典款 Flamenco 包进行了重新设计。Flamenco 包最初推出于20世纪70年代，其以极具柔软质感的皮革和独特的褶皱设计而闻名。Vevers 的改造保留了包袋的经典元素，同时注入了更多现代感，使其更加适应当代消费者的需求。这次改造不仅展现了罗意威对传统的尊重，也体现了品牌不断创新的精神（图 13-16）。

2013年是罗意威品牌发展的重要转折点。这一年，Jonathan Anderson 被任命为罗意威的创意总监，开启了品牌的新纪元。Anderson 以其前卫的设计理念和大胆的创新精神闻名，他的加入为这个传统品牌注入了全新的

图 13-15　Stuart Vevers

图 13-16　Flamenco 包

图13-17　Jonathan Anderson

图13-18　罗意威 品牌标识

图13-19　Puzzle包

活力。Anderson巧妙地将前卫设计理念与罗意威的传统工艺相结合，进一步模糊了性别界限，创造出更多中性化的设计。他还将艺术元素大量引入设计中，使每件作品都成为一件艺术品（图13-17）。

2014年，Jonathan Anderson推出了罗意威的新品牌Logo，这是品牌视觉形象重塑的重要一步。新Logo采用简化设计，增强了现代感，同时改变了品牌的整体视觉识别系统，包括包装、广告等，使品牌形象更加年轻化。同年，罗意威推出了首个男装成衣系列，这是品牌发展史上的一个重要里程碑。这个系列的推出不仅丰富了罗意威的产品线，也大大拓展了品牌的市场。Anderson的设计将罗意威的传统工艺与现代时尚完美融合，为品牌吸引了更多年轻和时尚前卫的消费者（图13-18）。

2015年，罗意威推出了具有里程碑意义的Puzzle包。这款由品牌创意总监Jonathan Anderson设计的包袋，以其独特的几何拼接设计迅速成为品牌的标志性产品。Puzzle包由40片皮革手工缝制而成，展示了品牌对复杂工艺与设计的极致追求。每一只Puzzle包都在马德里的罗意威工作室由工匠亲手制作，完美体现了品牌对手工艺传统的尊重。这款包不仅在设计上独树一帜，其功能性也备受赞誉，能够自由折叠成不同形状，适用于多种场合，成为现代奢侈品行业手工艺的典范（图13-19）。

2016年，罗意威创立了Loewe Foundation Craft Prize，这是品牌在支持全球工艺创新方面的重要举措。这个奖项旨在表彰那些通过卓越工艺和创新理念推动当代手工艺发展的艺术家。通过设立这个奖项，罗意威不仅展示了其对传统工艺的尊重，也表明了品牌在推动工艺创新和可持续发展方面的决心。这一举措进一步强化了罗意威作为一个重视文化和艺术的奢侈品牌的形象（图13-20）。

2017年，罗意威与传奇的伊维萨精品店Paula's合作推出了其首个Paula's Ibiza系列。该系列将波西米亚沿海服装与Paula俏皮的典藏印花相结合，推出了轻松的夏季休闲装和配饰（图13-21）。

2018年春季，罗意威推出了Gate包，这款包以其独特的马鞍形状和金属锁扣设计迅速走红。Gate包巧妙地融合了罗意威传统的皮具工

图13-20　Loewe Foundation Craft Prize

艺与现代感的设计理念，成为品牌的热门单品之一。其优质皮革材质和精细手工缝制确保了高耐用性，而独具特色的设计则赋予了它极高的辨识度。Gate包的成功进一步巩固了罗意威在奢侈品市场的地位，也展示了品牌在创新设计方面的实力（图13-22）。

2019年，罗意威迈出了重要的一步，推出了品牌首个中性香水系列。这一系列的推出不仅丰富了罗意威的产品线，也反映了品牌对当代社会性别观念变化的敏锐洞察。中性香水系列的推出展示了罗意威在传统奢侈品领域之外的拓展能力，同时也呼应了品牌一直以来追求的包容性和多元化理念（图13-23）。

图13-21　Paula's Ibiza 系列

图13-22　Gate 包

图13-23　中性香水系列

品牌鉴赏　075

2020年，面对全球疫情带来的挑战，罗意威迅速做出反应，推出了"Loewe en Casa"线上工作坊。这个创新项目旨在通过数字平台，为全球观众提供一系列关于工艺、设计和艺术的在线课程和讲座。这一举措不仅展示了罗意威在危机中的应变能力，也体现了品牌对文化传播和教育的重视。

CASA LOEWE作为品牌概念店，提供精致、个性化和富有文化底蕴的购物体验，大众像进入私人住宅一样探索罗意威不断增长的艺术品。从当代艺术家的绘画和雕塑到手工艺品和家具，该系列反映了艺术形式之间的流动关系，随着季节轮换，创造出一系列不断变化的装置。通过"Loewe en Casa"，品牌成功地在疫情期间保持了与消费者的联系，同时也为公众提供了宝贵的学习和娱乐资源（图13-24）。

2021年是罗意威品牌发展的重要一年，标志着品牌在创新和跨界合作方面取得了重大突破。这一年，罗意威与日本著名动画制作公司Studio Ghibli展开合作，推出了"My Neighbor Totoro"（龙猫）系列。这次合作不仅体现了罗意威对艺术和文化的重视，也展示了品牌在吸引年轻消费群体方面的战略眼光。该系列将宫崎骏动画中的经典角色与罗意威的精湛工艺完美融合，创造出独特而富有魅力的产品，获得了巨大的市场成功（图13-25）。

同年，品牌创意总监Jonathan Anderson对罗意威的经典款Amazona包进行了现代化改造。这次改造既保留了Amazona包的经典元素，又注入了更多现代感，使其更加适应当代消费者的需求。这一举措不仅展现了罗意威对传统的尊重，也体现了品牌不断创新的精神。

在2021春夏系列中，罗意威推出了创新的"Show-in-a-Box"概念，以应对全球疫情带来的挑战。这个概念将时装秀浓缩在一个盒子里，发送给观众和媒体。这种独特的展示方式不仅解决了无法举办实体秀的问题，还为品牌赢得了大量关注，彰显了罗意威在危机中的创新能力（图13-26）。

2022年，罗意威继续深化与Studio Ghibli的合作，推出了"Spirited Away"（千与千寻）系列。这个系列延续了前一年的成功，进一步将动漫

图13-24　CASA LOEWE

图13-25　"My Neighbor Totoro"（龙猫）系列

图13-26　"Show-in-a-Box"

图13-27 "Spirited Away"（千与千寻）系列

图13-28 "Howl's Moving Castle"（哈尔的移动城堡）系列

图13-29 气球鞋

艺术与高级时装融合，创造出独特的视觉语言和产品线。这次合作不仅巩固了罗意威在艺术与时尚跨界领域的地位，也进一步扩大了品牌的国际影响力（图13-27）。

2023年，罗意威再次与Studio Ghibli合作，推出"Howl's Moving Castle"（哈尔的移动城堡）系列，进一步深化了双方的合作关系。这个系列不仅延续了前两次合作的成功，还在设计和产品种类上有了新的突破，展现了罗意威在创意和工艺方面的持续创新能力（图13-28）。

同年，罗意威在巴黎时装周上展示了2024春夏系列，再次引起业界轰动。这场秀展示了前所未有的三维像素化服装，灵感来源于《我的世界》（游戏）和元宇宙概念。此外，秀场上还出现了令人惊叹的气球鞋设计。这些创新元素不仅展示了罗意威在设计领域的大胆尝试，也反映了品牌对数字时代和未来时尚的前瞻性思考（图13-29）。

14. 赛琳（Céline）品牌介绍

品牌创立期（1945-1996）

1945年，赛琳·薇琵娜（Céline Vipiana）在巴黎Rue Malte大街52号开设了第一家品牌店（图14-1）。

图14-1 赛琳·薇琵娜

在第二次世界大战刚结束的巴黎，人们渴望美好与品质生活，赛琳专门为高端顾客的孩子定制奢华童鞋，其精致的设计与高端工艺很快巴黎上流社会的青睐（图14-2）。

随着品牌的发展，赛琳·薇琵娜深入了解了消费者的需求。1963年，赛琳推出了第一个女装系列，这标志着赛琳从专注儿童市场逐步转向女装和配饰领域，开启了品牌的新篇章。赛琳·薇琵娜的设计理念始终围绕着优雅与实用，这种独特的设计哲学使赛琳很快在时尚界占据了举足轻重的地位（图14-3）。

1966年，赛琳进一步扩展业务，推出了第一个皮具系列，丰富了产品线。此时，品牌的设计风格已经从初期的童装发展为成熟女性所青睐的奢侈品（图14-4）。

1973年是赛琳品牌发展的一个重要里程碑。这一年，品牌重新设计了Logo，灵感来自巴黎凯旋门周围的链条。这一设计不仅突出了赛琳的巴黎根源，也成为品牌视觉识别的重要标志（图14-5、图14-6）。

1996年，全球最大的奢侈品集团LVMH以5.4亿美元的价格收购了赛琳，这为品牌带来了更多的资源和国际化发展机会。在LVMH的运营下，赛琳品牌进入了一个全新的发展阶段。品牌开始注重在国际市场的扩展，尤其是美国和亚洲市场。至此，赛琳从巴黎的一家小型鞋店，逐步成长为国际知名的奢侈品牌（图14-7）。

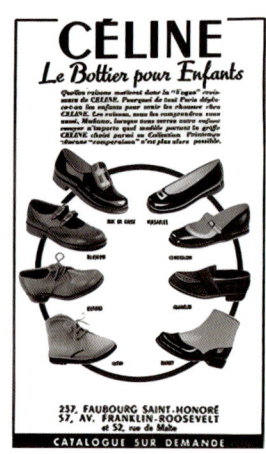

图14-2 赛琳早期广告图片

图14-3 赛琳第一个女装系列

图14-4 赛琳第一个皮具系列

图14-5 1973年品牌Logo

图14-6 凯旋门

图14-7 赛琳巴黎门店

图14-8　迈克·高仕

图14-9　Grant手袋

图14-10　Poulbot手袋

图14-11　Roberto Menichetti与模特

品牌发展期（1996-2017）

1997年，美国设计师迈克·高仕（Michael Kors）接任赛琳创意总监，为品牌带来了重大转变。迈克·高仕将美式休闲奢华风格与法式优雅相结合，打造了兼具时尚性与实用性的设计，满足了现代都市女性的需求。他的加入为赛琳注入了更加国际化的设计理念，使品牌在全球市场尤其是美国市场引起了广泛关注（图14-8）。

在迈克·高仕的领导下，赛琳品牌于2001年推出了限量版Grant手袋。这款手袋以其简约而优雅的外观迅速成为时尚界的热门单品。Grant手袋采用高品质皮革，结合精致的工艺，不仅适合现代都市女性的日常使用，更成为许多消费者眼中的收藏品（图14-9）。

2003年，赛琳推出了另一款经典手袋——Poulbot手袋。这款手袋的设计灵感来源于法国画家Francisque Poulbot的巴黎街头文化，巧妙地融合了艺术与高端时尚。Poulbot手袋的推出不仅丰富了品牌的产品线，也彰显了赛琳将艺术与时尚结合的独特诠释（图14-10）。

2004年，意大利设计师Roberto Menichetti接任赛琳创意总监。Menichetti此前曾在博柏利（Burberry）工作，擅长英伦风格。他尝试将意大利设计美学融入赛琳的法式优雅风格中，并试图将品牌推向更年轻化的方向。然而，这些设计未能获得市场的广泛认可，导致他在赛琳的任期较为短暂（图14-11）。

2005年，克罗地亚设计师Ivana Omazic成为赛琳的创意总监。在加入赛琳之前，Omazic曾为普拉达（Prada）等知名品牌工作。她试图为赛琳注入新的活力，特别是通过将东欧设计元素融入品牌的法式风格中，创造出独特的混搭风格。尽管Omazic的创意努力为赛琳带来了一些新的设计灵感，但未能为品牌带来显著的商业成功，她的

图 14-12　Ivana Omazic　　图 14-13　Ivana Omazic 设计的女装系列　　图 14-14　菲比·费罗

任期仅持续到2008年（图14-12、图14-13）。

2008年，菲比·费罗（Phoebe Philo）接任赛琳创意总监，这一任命被视为品牌历史上的重大转折点。菲比·费罗的加入为赛琳注入了全新的设计理念，开启了品牌的极简主义时代。她的设计风格以简洁的线条和纯粹的美感为核心，强调"少即是多"的设计理念，不仅重塑了赛琳的品牌形象，更掀起了新一轮时尚潮流（图14-14）。

菲比·费罗的设计理念注重功能性与美观性的平衡，她巧妙地模糊了男女装的界限，推出了具有中性美感的设计。这种创新的设计思路不仅影响了赛琳及其消费者，更对整个时尚界产生了深远的影响。在她的领导下，赛琳成功吸引了注重时尚与实用的现代职业女性，品牌形象逐渐成为当代女性独立、自信的象征（图14-15）。

2010年，菲比·费罗推出了Luggage手袋，这款设计以其独特的"微笑"形状迅速成为时尚界的热门单品。Luggage手袋不仅在外观上独树一帜，其精致的皮革工艺和实用性也赢得了消费者的青睐。这款手袋的成功不仅提升了赛琳在奢侈品市场的地位，也成为品牌创新设计的代表作（图14-16）。

紧随Luggage手袋的成功，赛琳在2011年推出了Trapeze手袋。这款手袋以其独特的两侧可展开设计，提供了多样的携带方式，进一步巩固了品牌在手袋设计领域的创新地位。Trapeze手袋的推出再次证明了菲比·费罗对市场需求的敏锐

图 14-15　菲比·费罗设计的女装系列

图 14-16　Luggage 手袋

图 14-17　Trapeze 手袋

洞察力，以及赛琳在产品设计上的持续创新能力（图 14-17）。

2015 年，赛琳做出了一个大胆而富有创意的决定，选择 80 岁的美国传奇作家 Joan Didion 作为品牌代言人。这一选择引起了广泛关注，不仅挑战了时尚界对年龄的刻板印象，也彰显了赛琳对知性美的崇敬。Didion 在赛琳广告中的亮相，象征着品牌对个性与内涵的独特诠释，这一举措获得了广泛的媒体报道和公众讨论，进一步提升了赛琳的品牌影响力（图 14-18）。

然而，2017 年，菲比·费罗宣布离任赛琳创意总监，结束了她在品牌近十年的辉煌时期。菲比·费罗的离开在时尚界引起了极大反响，她的极简设计风格和对女性时尚的重新定义深刻影响了整个行业。许多忠实消费者对她的离去表示不舍，同时也对赛琳未来的发展方向充满期待。菲比·费罗时代的结束，标志着赛琳品牌即将迎来新的变革和挑战（图 14-19）。

图 14-18　美国传奇作家 Joan Didion　　图 14-19　赛琳女包

图 14-20　艾迪·斯理曼

品牌现阶段（2018 至今）

2018 年是赛琳品牌发展史上的重要转折点。1 月，LVMH 集团宣布任命艾迪·斯理曼（Hedi Slimane）为赛琳新任创意总监。艾迪·斯理曼此前曾担任迪奥夏拉贝尔（Homme）和伊夫·圣洛朗的创意总监，以其摇滚朋克美学和年轻化的设计风格闻名于世。他的加入标志着赛琳品牌即将迎来一个全新的时代（图 14-20）。

图 14-21　品牌标识

艾迪·斯理曼上任后迅速展开了一系列改革。其中最引人注目的是对赛琳品牌Logo的重新设计。他将原有的"CÉLINE"简化为"CELINE",去掉了法语中的重音符号。这一变动在时尚界引发了广泛讨论,有人认为这削弱了品牌的法式传统,但艾迪·斯理曼坚持认为这是品牌现代化的必要一步(图14-21)。

在产品线方面,艾迪·斯理曼推出了备受关注的16手袋系列。这个系列的设计灵感来源于品牌位于巴黎16区的总部,象征着赛琳历史与现代风格的交汇。16手袋系列的推出不仅丰富了品牌的产品线,也展示了艾迪·斯理曼对传统与创新的独特诠释(图14-22)。

图 14-22　16手袋系列

为了扩大品牌的全球影响力,赛琳在2018年于多个国际大都市开设了新的旗舰店,包括东京、上海、洛杉矶、马德里、米兰和伦敦等地。这一举措不仅深化了赛琳的全球化战略,也表明品牌在艾迪·斯理曼领导下正着力吸引更多年轻消费者,拓展市场覆盖范围(图14-23)。

2018年巴黎时装周上,艾迪·斯理曼为赛琳呈现了他的首场时装秀。这场备受瞩目的秀展充分展现了艾迪·斯理曼的摇滚朋克美学。他将秀场布置成充满摇滚氛围的场景,音乐、布景都与他对街头文化与摇滚风的理解相契合。这场秀不仅标志着赛琳形象从优雅极简迅速转向年轻化、朋克化,也引发了时尚界的广泛讨论与争议,成为当年时装周最受关注的事件之一(图14-24)。

图 14-23　赛琳洛杉矶旗舰店

图 14-24　2018年巴黎时装周

图14-25 首推男装系列

作为国际奢侈品牌的社会责任感。通过实施这些环保措施,赛琳不仅提升了品牌形象,也为整个时尚行业的可持续发展树立了榜样。

15. 纪梵希(Givenchy)品牌介绍

品牌创立期(1952-1988)

纪梵希(Givenchy)品牌的创始人于贝尔·德·纪梵希于1927年2月21日出生在法国博韦的一个贵族家庭。他的父亲是一位飞行员,祖父则是著名的艺术家朱尔斯·贝德·吉维尼。从小受到艺术熏陶的纪梵希对时尚产生了浓厚的兴趣。他在巴黎学习艺术与设计,并在多个知名时装品牌如Jacques Fath、Robert Piguet和Elsa Schiaparelli实习,积累了丰富的经验(图15-1)。

1952年,年仅25岁的纪梵希决定创立自己的品牌,目标是创造出既优雅又实用的女性服装,

2019年,赛琳在品牌发展史上迈出了重要的一步,首次推出了男装系列。这一举措标志着品牌市场的进一步扩展,也体现了艾迪·斯理曼作为创意总监的创新理念。艾迪·斯理曼将其标志性的摇滚风格融入男装设计中,不仅赢得了年轻一代的追捧,也极大地拓展了赛琳的市场覆盖范围。这一系列的推出,使赛琳从一个主要面向女性的品牌,转变为能够满足不同性别消费者需求的全方位奢侈品牌(图14-25)。

2020年,面对全球疫情带来的挑战,赛琳展现了其在危机中求变的能力。品牌加速了数字化转型进程,推出了线上购物服务。这一举措不仅是对疫情期间实体店铺受限的应对,更是品牌长远发展战略的一部分。通过数字渠道,赛琳得以与消费者保持紧密联系,并适应了疫情下消费模式的转变。线上购物服务的推出不仅帮助品牌度过了疫情期间的销售低谷,也使得赛琳的客户群体更加多元化,为品牌未来的发展奠定了基础。

2022年,响应全球时尚行业对环境保护的呼声,赛琳加强了其可持续发展战略。品牌承诺增加使用可持续材料的比例,减少碳足迹,并在供应链管理上更加注重环保。这一举措不仅顺应了现代消费者对可持续时尚的关注,也体现了赛琳

图15-1 于贝尔·德·纪梵希

图 15-2　巴黎高级定制时装屋

图 15-3　早期作品

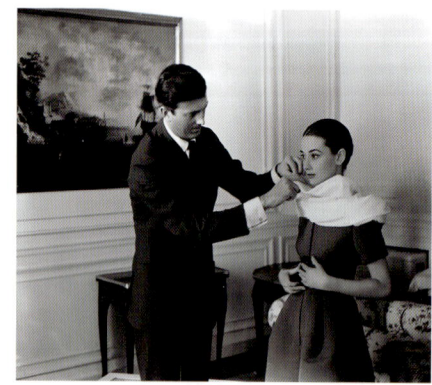

图 15-4　纪梵希的"缪斯"——奥黛丽赫本

以满足战后女性对时尚和个性化表达的需求。他在巴黎八区的蒙塔涅街 8 号开设了第一家高级定制时装屋。纪梵希的首个系列在发布后即获得好评，其中包括标志性的 Bettina 衬衫。该衬衫以模特 Bettina Graziani 命名，展现了纪梵希对女性优雅气质的理解。在品牌创立初期，纪梵希的设计以简约而优雅的风格闻名。他在 1952 年的首次时装秀上，推出了"分离式服装"的概念，允许客户自由搭配上衣和裙子，这一创新为当时的高级定制界带来了新的活力（图 15-2、图 15-3）。

1953 年，纪梵希与奥黛丽·赫本相识，并为她设计了多部电影中的服装，从而使品牌在全球范围内获得了巨大的知名度。这段相识开启了他们之间长达数十年的传奇友谊，也为纪梵希品牌带来了无可估量的影响。赫本成为纪梵希的缪斯，她所穿着的纪梵希设计不仅在电影中留下了经典印象，也在现实生活中引领了时尚潮流（图 15-4）。

1957 年，纪梵希推出了具有开创性的麻袋连衣裙。这件设计以其独特的剪裁和舒适感受到广泛欢迎，展示了纪梵希对实用性与时尚的巧妙结合。麻袋连衣裙不仅体现了品牌的创新精神，也为当时的女性提供了一种既时尚又舒适的日常穿着选择（图 15-5）。

1961 年，纪梵希为奥黛丽·赫本设计了《蒂凡尼的早餐》中的小黑裙，这件作品随即成为时尚界的永恒象征。这条小黑裙不仅完美展现了赫本的优雅气质，也成为了纪梵希品牌的标志性设计。它的简约线条和精致剪裁体现了纪梵希的设计理念，即"优雅应成为个人的一部分"。这件作品的影响力持续至今，成为时尚史上的经典之作（图 15-6）。

图15-5 麻袋连衣裙

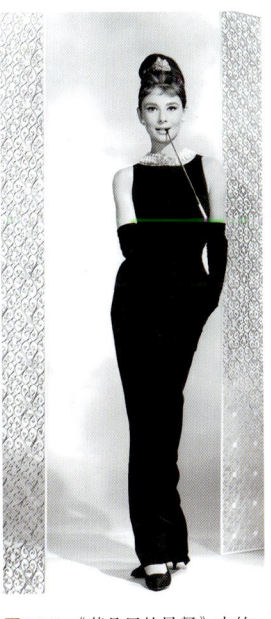

图15-6 《蒂凡尼的早餐》中的小黑裙

图15-7 纪梵希系列产品

品牌发展期（1988-2005）

1988年，纪梵希品牌被全球最大的奢侈品集团LVMH收购。这次收购标志着纪梵希从一个家族企业转变为国际化奢侈品牌的重要一步。LVMH集团的资源和管理经验为纪梵希的全球扩张提供了强大支持，同时也保留了品牌的核心价值和设计理念（图15-7）。

1995年是纪梵希品牌历史上的重要转折点。这一年，品牌创始人于贝尔·德·纪梵希宣布退休。他在时尚界的贡献和影响力是无可估量的，他的退休标志着一个时代的结束。同年，才华横溢的英国设计师约翰·加里亚诺（John Galliano）接任纪梵希的创意总监，尽管他的任期仅持续到1996年。约翰·加里亚诺的加入为品牌注入了新的活力和创意，他大胆的设计风格和创新理念为纪梵希开启了新的篇章。这一系列变化不仅体现了品牌的传承，也展示了其对创新和发展的不懈追求（图15-8）。

1996年，纪梵希品牌迎来了一位极具创新精神的设计师亚历山大·麦昆（Alexander McQueen），他担任创意总监直至2001年。亚历山大·麦昆以其前卫和具有挑战性的设计为纪梵希带来了全新的视角。他的设计风格融合了哥特风格与浪漫主义，以精湛的剪裁技术和戏剧性的设计著称。亚历山大·麦昆在纪梵希的时期，将高科技面料和传统工艺相结合，推出了多个具有挑战性的时装秀概念。他的代表作包括1997年

图15-8 约翰·加里亚诺

图15-9 亚历山大·麦昆设计的作品

图15-10 朱利安·麦克唐纳德

秋冬系列中的"Spine Corset"（脊柱紧身衣）和1999年春夏系列中的机器人喷漆裙，这些作品在时尚界引起了巨大反响（图15-9）。

2001年，朱利安·麦克唐纳德（Julien MacDonald）接替亚历山大·麦昆成为纪梵希的创意总监，任期持续到2004年。朱利安·麦克唐纳德为品牌带来了更多年轻和性感的元素。他的设计风格以闪亮和性感著称，注重细节和装饰，同时融合了高级定制和现代街头风格。朱利安·麦克唐纳德在纪梵希的时期引入了更多针织和钩编技术，推广了更加年轻化的品牌形象。他的代表作之一是2002年春夏系列中的金属网眼连衣裙，这件作品展现了他对材质和剪裁的独特理解。

品牌现阶段（2005至今）

2005年，里卡多·堤西（Riccardo Tisci）接任纪梵希创意总监，他的任期一直持续到2017年，是品牌历史上任职时间最长的创意总监之一。里卡多·堤西的设计为纪梵希带来了巨大的商业成功。他的设计风格融合了街头文化与奢华元素，具有强烈的视觉冲击力，设计中大胆使用黑色、白色以及醒目图案。里卡多·堤西在纪梵希的时期引入了更多男性化元素，扩大了品牌在年轻消费者中的影响力，并与众多明星和艺术家合作，提升了品牌的曝光率（图15-11）。

2010年，在里卡多·堤西的领导下，纪梵希推出了Antigona手袋。这款手袋以其结构化的形状和优雅的线条迅速成为品牌的标志性产品之一。Antigona手袋不仅展现了里卡多·堤西对配饰设计的独特见解，也反映了纪梵希品牌在保持传统优雅的同时，不断追求现代感和实用性的设计理念（图15-12）。

2015年，纪梵希在纽约举办了一场突破性的公开秀，这一举动打破了传统时装秀的界限。这场秀不仅向业内人士开放，还允许公众参与，这在高级时装界是一个创新之举。这次公开秀

图 15-11　里卡多·堤西

图 15-12　Antigona 手袋

体现了纪梵希品牌在里卡多·堤西领导下对创新和包容性的追求，同时也展示了品牌在数字时代与观众互动的新方式。这场秀不仅提升了品牌的知名度，也为时尚产业树立了一个更加开放和民主的新标准（图 15-13）。

图 15-13　有公众参与的时装秀

2017年，纪梵希品牌迎来了一个重要的里程碑。Clare Waight Keller 被任命为品牌的创意总监，成为纪梵希历史上第一位女性创意总监。Waight Keller 的加入为品牌带来了新的视角和创意，她的设计风格融合了纪梵希的经典元素和现代感，为品牌注入了新的活力（图 15-14）。

图 15-14　Clare Waight Keller

Waight Keller 的设计风格以柔和而现代著称，她强调女性力量与优雅的结合，同时注重细节与剪裁。在她的领导下，纪梵希成功重启了高级定制系列，展现了品牌在传统工艺和现代设计之间的平衡。

2018年是 Waight Keller 在纪梵希的重要一年。她为英国皇室成员梅根·马克尔设计了婚纱，这件简约优雅的婚纱在全球范围内引起了广泛关注。这不仅提升了纪梵希的品牌知名度，

图 15-15　英国皇室成员梅根·马克尔的婚纱

也展示了品牌在新时代的设计理念。这款婚纱的设计体现了现代女性对传统婚礼服装的新理解，成为纪梵希品牌在新时代的标志性作品（图15-15）。

同年，纪梵希推出了GV3手袋。这款手袋以品牌位于巴黎的第一家工作室地址命名，融合了品牌的传统元素和现代设计。GV3手袋的推出展示了Waight Keller对品牌历史的尊重，同时也反映了她为品牌带来的创新（图15-16）。

图15-16　GV3手袋

2020年，纪梵希品牌再次迎来变革。马修·威廉姆斯（Matthew M. Williams）接任创意总监，为品牌带来了更多街头风格元素。马修·威廉姆斯的加入标志着纪梵希向更年轻、更现代的方向发展，这反映了品牌对时尚潮流变化的敏锐把握（图15-17）。

同年，受全球疫情影响，纪梵希举办了品牌首次虚拟时装秀。这次创新的秀场形式不仅是对疫情挑战的应对，也展示了品牌在数字化时代的适应能力。虚拟时装秀利用了3D技术和AR技术，为观众带来了沉浸式体验，开创了时尚展示的新方式。这一举措不仅维持了品牌与消费者的联系，也为未来时装秀的形式提供了新的可能性（图15-18）。

图15-17　马修·威廉姆斯

图15-18　纪梵希品牌标识

米兰

16. 普拉达（Prada）
品牌介绍

品牌创立期（1913-1978）

1913年，在意大利时尚之都米兰，一位名叫马里奥·普拉达（Mario Prada）的皮革匠人怀揣着对精湛工艺的热爱，与他的兄弟一起创立了Fratelli Prada（普拉达）公司。他们在米兰最负盛名的购物中心——维托里奥·埃马努埃莱二世长廊开设了第一家精品店。马里奥·普拉达是一个完美主义者，他对每一个细节都精益求精。店里陈列的手提箱、旅行箱和皮革配件，每一件都是匠心独运的杰作（图16-1）。

图16-1　马里奥·普拉达

1919年，普拉达迎来了一个重要的里程碑。意大利皇室被普拉达的卓越品质所折服，将其指定为皇室官方供应商。这个殊荣不仅是对普拉达工艺的最高肯定，更为品牌带来了无与伦比的声誉。从此，普拉达的三角形Logo上多了萨伏伊王室的徽章和绳结（图16-2）。

图16-2　品牌标识+萨伏伊王室的徽章和绳结（图案）

进入20世纪50年代，普拉达迎来了一次重要的转变。尽管马里奥·普拉达内心可能有些不情愿，但他不得不承认自己女儿Luisa的能力。于是，Luisa接管了普拉达的经营权。在接下来的近20年里，她以女性特有的细腻和洞察力，稳步扩大了普拉达的业务范围，将品牌推向了更广阔的市场。

1970年，普拉达家族迎来了新一代的加入。23岁的缪西娅·普拉达（Miuccia Prada），马里奥·普拉达的孙女，加入了家族企业。与祖父和母亲不同，缪西娅·普拉达并非科班出身。她在米兰大学学习的是政治学，还曾经是一名哑剧演员。这样的背景让她对时尚有着与众不同的理解和洞察（图16-3）。

1978年，缪西娅·普拉达正式接手普拉达。这一年，也标志着普拉达开始了一场惊心动魄的

图16-3　缪西娅·普拉达

品牌鉴赏

转型之旅。缪西娅·普拉达的加入，为这个传统的皮具品牌注入了全新的活力。她敏锐地意识到，仅仅依靠传统皮具已经无法满足现代人的需求。普拉达需要突破，需要创新。

品牌发展期（1979-2019）

1979年，Prada品牌迎来了一个重要的转折点。在缪西娅·普拉达的带领下，品牌推出了革命性的尼龙背包系列。这一决定在当时可谓大胆创新，因为尼龙这种工业材料在奢侈品领域还是一个禁忌。然而，缪西娅·普拉达敏锐地看到了它的潜力：轻便、耐用、时尚。她将这种材料与普拉达精湛的工艺相结合，创造出了一种全新的奢侈品概念。这款黑色尼龙背包一经推出，立即引起轰动。它颠覆了人们对奢侈品的传统认知，成为新一代时尚人士的宠儿。这个系列不仅为普拉达带来了巨大的商业成功，更奠定了品牌在时尚界的创新地位（图16-4）。

1988年，普拉达再次展现了其创新精神，推出了品牌的首个女装成衣系列。这个系列延续了缪西娅·普拉达的创新理念，以简约、知性的设计风格赢得了时尚界的赞誉。普拉达的服装不追求华丽夺目，而是以低调的奢华和精致的细节取胜，完美诠释了"less is more"的设计理念。这一系列的成功，标志着普拉达从一个传统的皮具品牌成功转型为全方位的时尚品牌，为其未来的发展奠定了坚实的基础（图16-5）。

进入20世纪90年代初，普拉达开始了更加宏大的全球化布局。品牌不再满足于单一的发展模式，而是开始在欧洲和美国主要城市开设门店，将品牌的影响力扩展到全球范围。每一家普拉达门店都是一件艺术品，融合了时尚、艺术和建筑的元素，为顾客带来独特的购物体验。这一战略不仅扩大了普拉达的市场份额，也让品牌的设计理念和生活方式得以在全球范围内传播（图16-6）。

1993年是普拉达发展史上的又一个里程碑。这一年，缪西娅·普拉达和她的丈夫成立了普拉达基金会（Fondazione Prada）。这个基金会的成立，体现了普拉达对艺术和文化的深厚热爱。基金会致力于推广当代艺术，在米兰和威尼斯设立了展览空间，定期举办艺术展览、电影放映等文化活动。通过这些活动，普拉达不仅展示了品牌对艺术的热爱，也为当代艺术的发展做出了重要贡献，进一步提升了品牌的文化影响力（图16-7）。

图16-4 尼龙背包系列

图16-5 女装成衣系列"less is more"

图16-6 女装成衣系列

图16-7 普拉达基金会（Fondazione Prada）

图 16-18　Miu Miu芭蕾舞平底鞋

后来成为品牌标志性单品的芭蕾舞平底鞋。这款鞋子巧妙地将传统芭蕾舞鞋的优雅与朋克风格的叛逆相结合，完美诠释了 Miu Miu 的品牌精神。鞋子采用了漆皮材质，搭配铆钉和绑带设计，既保留了芭蕾舞鞋的基本轮廓，又增添了现代感和个性。这款鞋子一经推出就受到了时尚界的热烈欢迎，成为街拍达人的最爱，也为 Miu Miu 赢得了更多年轻消费者的青睐（图 16-18）。

2018年，普拉达集团做出了一个具有里程碑意义的决定。响应全球动物保护组织的呼吁，普拉达宣布从2020年春夏系列开始，将在所有品牌中停止使用皮草。这一决定不仅体现了普拉达对动物福利的关注，更展现了品牌对可持续时尚的承诺。缪西娅·普拉达表示："专注于创新材料将使公司能够探索创意设计的新边界，同时满足对道德产品的需求。"这一举措为整个奢侈品行业树立了榜样，推动了时尚界向更加环保和负责任的方向发展。

2019年，普拉达在经历了一系列文化敏感性争议后，做出了一个重要的组织变革。品牌成立了多元化与包容性咨询委员会，旨在提高公司的文化敏感度，并在产品设计、营销传播等方面避免潜在的文化冒犯。这个委员会由艺术家、活动家和学者组成，为普拉达提供多元化视角和建议。这一举措不仅是对过去争议的回应，更是普拉达主动拥抱多元文化、推动行业变革的体现。

同年，Prada 2019年春夏系列在米兰时装周上引起了广泛关注。这个系列被时尚评论家们认为是缪西娅·普拉达对当代女性主义的一次深刻探讨。设计中融合了力量与柔美、传统与现代的元素，展现了普拉达对现代女性多面性的理解。模特们身着既女性化又带有力量感的服装，完美诠释了当代女性既柔软又坚强的特质。这个系列不仅是一场视觉盛宴，更是对女性角色和身份的一次深入思考（图 16-19）。

品牌现阶段（2019至今）

2020年，普拉达迎来了品牌历史上的一个重要时刻。比利时设计师拉夫·西蒙斯（Raf Simons）加入普拉达，与缪西娅·普拉达共同成

图 16-19　2019年米兰时装周春夏系列

图 16-20　缪西娅·普拉达与拉夫·西蒙斯

图 16-15 "Women's Tales" 短片系列项目

被布置成一个充满未来感的加油站。模特们身着印有火焰图案的裙装，在T台上优雅行走，仿佛穿越时空的旅人。这个系列巧妙地融合了20世纪50年代的复古元素和未来主义的设计理念，展现了Prada对时尚的独特洞察。这场秀不仅在视觉上给人留下深刻印象，也引发了关于女性、速度和现代性的讨论，成为那一季最具话题性的时装秀之一（图16-16）。

2015年是Miu Miu品牌发展的又一个里程碑。这一年，品牌推出了首款香水，正式进军美妆领域。这款香水的推出是Miu Miu与科蒂公司（Coty Inc.）合作的成果，体现了品牌拓展产品线的战略。香水的设计延续了Miu Miu一贯的复古而俏皮的风格，瓶身采用了品牌标志性的绗缝设计，散发出青春活力的气息（图16-17）。

同年，Miu Miu 2015年春夏系列推出了一款

图 16-16 2012Prada的春夏系列时装秀

图 16-17 Miu Miu 香水广告

2001年，延续其扩张战略，普拉达收购了另一个知名鞋履品牌Car Shoe。Car Shoe以其独特的橡胶钉鞋底设计而闻名，特别是其标志性的驾驶鞋。这次收购进一步强化了普拉达在鞋履领域的地位，同时也为集团带来了更多的创新元素和技术专长。

2006年，好莱坞大片《穿Prada的恶魔》上映，这部电影虽然并非普拉达的官方宣传，却无意中为品牌带来了巨大的曝光度。影片中梅丽尔·斯特里普饰演的时尚杂志主编Miranda Priestly成为流行文化中的标志性人物，而Prada这个名字也因此深入人心。这部电影不仅提升了普拉达在大众文化中的知名度，也强化了品牌在时尚界的权威形象，吸引了更多年轻消费者关注这个意大利奢侈品牌（图16-13）。

2011年，Miu Miu品牌做出了两个重要决定，为其未来的发展奠定了基础。首先，品牌选择了年仅14岁的好莱坞新星海莉·斯坦菲尔德（Hailee Steinfeld）作为代言人。这一大胆选择引发了广泛讨论，也彰显了Miu Miu对年轻活力的追求。斯坦菲尔德在的广告大片中展现了超越年龄的成熟魅力，完美诠释了品牌的"少女感"与"复古风"。她身着Miu Miu 20世纪40年代风格的服装，或慵懒地躺在草地上，或站在废弃的铁轨旁，展现出一种独特的时尚气质。这次合作不仅提升了Miu Miu在年轻消费群体中的影响力，也为斯坦菲尔德的演艺事业增添了时尚光环（图16-14）。

其次，Miu Miu启动了"Women's Tales"短片系列项目。这个项目邀请全球知名女性导演创作短片，唯一的要求是在片中使用Miu Miu的服装。这一创新性的营销方式不仅展示了品牌对艺术的支持，也为Miu Miu打造了独特的文化形象。第一部短片The Powder Room由佐伊·卡萨维茨执导，于2011年1月底首映。此后，Miu Miu每年都会推出两部短片，分别对应夏季和冬季系列，并在威尼斯国际电影节的"威尼斯日"单元首映。这个项目不仅提升了Miu Miu的品牌形象，也为女性电影人提供了一个展示才华的平台（图16-15）。

2012年，普拉达的春夏系列时装秀在米兰时装周上引起轰动。以复古汽车为主题的秀场

图16-13　好莱坞大片《穿Prada的恶魔》剧照

图16-14　海莉·斯坦菲尔德作为代言人

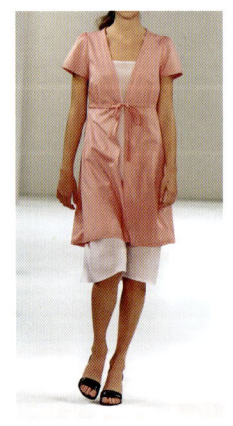

图16-8　Miu Miu女装　　图16-9　Miu Miu女装系列　　图16-10　运动服饰系列Linea Rossa

图16-12　赞助美洲杯帆船赛　　图16-11　收购鞋履品牌Church's

同年，缪西娅·普拉达还做出了另一个重要决定——创立Miu Miu品牌。这个名字源于缪西娅·普拉达的昵称，充满了亲昵和个人色彩。如果说普拉达是优雅成熟的大姐姐，那么Miu Miu就是活泼俏皮的小妹妹。它代表着缪西娅·普拉达内心那个永远年轻、永远不安分的灵魂。Miu Miu的第一个系列就展现出了与众不同的风格，以牛仔女孩为主题，带有流苏的麂皮夹克和拼接的草原裙成为当时的焦点。这个系列大胆地混合了复古元素和现代设计，立即吸引了时尚界的目光，为普拉达集团开辟了新的市场，吸引了更年轻的消费群体（图16-8、图16-9）。

1997年，普拉达再次展现了其创新精神，推出了运动服饰系列Linea Rossa。这个系列将高科技面料与时尚设计相结合，开创了奢侈品牌进军运动时尚的先河。Linea Rossa系列以其鲜明的红色标签为特征，融合了运动功能性和高端时尚美感，体现了普拉达对现代生活方式的深刻理解。这一系列的推出不仅拓展了普拉达的产品线，也为品牌注入了更多年轻和动感的元素，吸引了一批追求时尚与功能性结合的新客户群（图16-10）。

1999年，普拉达集团迈出了扩张的重要一步，收购了创立于1873年的英国鞋履品牌Church's。这次收购是普拉达全球化战略的重要组成部分，不仅丰富了普拉达的产品线，也为品牌注入了更多的英伦风格。Church's以其精湛的制鞋工艺和经典设计闻名，这次收购使Prada在高端鞋履市场上的地位得到进一步巩固（图16-11）。

2000年，普拉达做出了一个出人意料的决定——赞助美洲杯帆船赛。这个举动让人们看到了普拉达不甘于只做一个时尚品牌的雄心。通过赞助这项高端体育赛事，普拉达成功地将品牌形象与高雅、运动、挑战等元素联系在一起，极大地提升了品牌的影响力和辨识度。这一举措也展现了普拉达在品牌营销方面的创新思维，为奢侈品牌跨界合作开辟了新的道路（图16-12）。

图16-21　Upcycled by Miu Miu 系列

图16-22　Miu Miu 2022年春夏系列Y2K风格

为创意总监。这一决定在时尚界引起轰动，被视为两位设计大师的强强联手。拉夫·西蒙斯以其前卫、富有实验性的设计风格闻名，他的加入为普拉达注入了新的创意活力。这种创意总监双人组合的模式在奢侈品行业中并不常见，体现了普拉达对创新的不懈追求，也为品牌的未来发展带来了无限可能（图16-20）。

同年，Miu Miu 推出了 Upcycled by Miu Miu 系列，这是品牌在可持续时尚领域的一次大胆尝试。这个系列将20世纪30年代到80年代的复古裙装进行改造和重塑，赋予了这些旧衣新的生命。每件作品都是独一无二的，体现了品牌对传统工艺的尊重和对创新设计的追求。这个系列不仅展现了 Miu Miu 对环保和可持续发展的重视，也为时尚产业探索了一条减少浪费、提高资源利用效率的新路径（图16-21）。

2021年，普拉达集团在可持续发展领域迈出了重要一步。品牌与全球消费品巨头联合利华展开合作，共同推出了可回收的香水包装。这一举措不仅体现了普拉达对环保理念的重视，也为整个奢侈品行业树立了榜样。可回收包装的推出标志着普拉达在产品全生命周期管理方面的创新，展现了品牌对可持续时尚的长期承诺。

2022年，Miu Miu 品牌凭借一款超短裙在全球范围内引发热潮，成为时尚界的焦点。这款超短裙源自 Miu Miu 2022年春夏系列，它巧妙地重新诠释了Y2K风格，将千禧年初的时尚元素与现代设计相结合。这个系列不仅唤起了人们对2000年代初的怀旧情绪，更重新定义了当代年轻人的时尚审美。超短裙迅速成为社交媒体上的热门话题，众多明星和时尚博主争相穿着，使其成为年度最具影响力的单品之一。这次成功不仅提升了 Miu Miu 的品牌知名度，也为其带来了可观的销售增长（图16-22、图16-23）。

图16-23　Miu Miu 超短裙

图 16-24 2024年春季时装秀

装秀在业内颇具影响力的 Impression Awards 中荣获"年度最佳秀场"奖项。这一殊荣不仅肯定了 Miu Miu 在创意设计方面的成就,也凸显了品牌在塑造时尚潮流中的重要作用(图 16-24)。

17. 古驰(Gucci)品牌介绍

品牌创立期(1921-1953)

2023年,尽管全球经济面临诸多挑战,普拉达集团仍然交出了一份亮眼的成绩单。集团整体业绩实现强劲增长,其中 Miu Miu 品牌表现尤为突出,零售销售同比增长58%。这一惊人的增长率不仅证明了 Miu Miu 品牌策略的成功,也反映出消费者对普拉达集团产品的持续青睐。Miu Miu 的成功为整个集团注入了新的活力,成为推动普拉达集团在竞争激烈的奢侈品市场中保持领先地位的重要力量。

2024年,普拉达品牌在全球时尚领域的影响力得到进一步巩固。在备受关注的 Lyst 时尚指数中,普拉达重返榜首,超越了包括自家姐妹品牌 Miu Miu 在内的众多竞争对手。这一成绩不仅反映了普拉达在产品设计和品牌营销方面的卓越表现,也证明了品牌在消费者心中的地位。与此同时,Miu Miu 品牌也取得了重要突破。其2024年春季时

1921年,在意大利文艺复兴的发源地佛罗伦萨,一位名叫古驰奥·古驰(Guccio Gucci)的年轻人怀揣着对精致皮具的热爱和对成功的渴望,开设了他的第一家皮具店。这家小店最初主要经营皮革制品和马具,古驰奥·古驰凭借着对品质的执着和精湛的工艺,很快赢得了顾客的青睐。他的产品不仅实用,更透露出一种优雅和高贵的气质,这正是当时上流社会所追求的(图 17-1)。

20世纪30年代,第二次世界大战的阴云笼罩着欧洲。战争带来的物资短缺给古驰带来了巨大挑战,但也激发了品牌的创新精神。面对皮革等传统材料的匮乏,古驰开始寻找替代品。在这个艰难的时期,古驰展现出了非凡的创造力,开始使用麻布、亚麻、黄麻,甚至竹子来制作产品(图 17-2)。

图 17-1 古驰奥·古驰及其品牌

图 17-2 Gucci 手袋——竹节手柄包

1938年，古驰在罗马开设了第一家分店，标志着品牌开始了扩张之路。这一举措不仅扩大了古驰的市场影响力，也为品牌日后的全球化发展奠定了基础。

1947年，古驰推出了后来成为品牌标志之一的竹节手柄包（Bamboo Bag）。竹节手柄包的诞生堪称一个奇迹。设计师们发现，将竹子加热弯曲后，可以形成完美的U形手柄。这不仅解决了材料短缺的问题，还创造出了一个独特而优雅的设计。竹节手柄包一经推出，立即成为时尚界的宠儿（图17-3）。

图17-3　竹节手柄包（Bamboo Bag）

20世纪50年代是古驰创新和发展的重要时期。在这十年里，古驰创作了多项经典设计，奠定了品牌的视觉识别系统。其中最著名的要数绿红绿织带和双G Logo。绿红绿织带的灵感来自马鞍的肚带，体现了品牌的马术传统。双G Logo则巧妙地将创始人的名字缩写变成一个优雅的图案。这些元素至今仍是古驰产品的重要标志（图17-4、图17-5）。

图17-4　绿红绿织带和双G Logo

1953年，古驰推出了马衔扣乐福鞋（Horsebit Loafers）。这款鞋融合了品牌的马术传统和现代设计，很快成为古驰最经典的鞋款之一。马衔扣乐福鞋不仅是一双鞋，更是一种生活方式的象征，它完美融合了舒适性和优雅，成为许多名人和时尚爱好者的必备单品（图17-6）。

图17-5　Gucci手袋

品牌发展期（1953—2004）

20世纪60年代是古驰全球化扩张的关键时期。随着品牌知名度的提升，古驰开始了积极的国际化战略。在这十年里，品牌相继在纽约、伦敦等国际大都市开设分店，将意大利的精湛工艺和优雅风格带到了世界各地。这一举措不仅扩大了古驰的市场影响力，也为品牌日后的全球化发展奠定了坚实基础（图17-7）。

图17-6　马衔扣乐福鞋

图 17-7　Gucci门店

这一阶段也是古驰品牌识别系统不断完善的重要时期。其中最具代表性的是双G Logo的正式推出。这个由两个相互交织的G字母组成的标志，取自创始人Guccio Gucci的名字首字母，简洁而富有辨识度。双G Logo迅速成为品牌最著名的标志之一，被广泛应用于古驰的各类产品中，从皮具到服装，再到配饰，无处不在（图17-8）。

1961年，一个偶然的机会为古驰带来了巨大的品牌曝光度。美国第一夫人Jacqueline Kennedy经常被拍到携带一款古驰手提包。这款包原名为Fifties Constance，但由于Kennedy的青睐，Gucci将其改名为Jackie。Jackie包迅速成为品牌最具标志性的设计之一，也成为那个时代最常被拍摄的包款之一。这个故事不仅展示了名人对品牌影响力的巨大作用，也凸显了古驰善于捕捉时代风潮的能力（图17-9、图17-10）。

1967年，另一个重要的设计诞生了。当时，摩纳哥格蕾丝王妃（Grace Kelly）来到古驰米兰专卖店。为了表示敬意，古驰委托著名艺术家Vittorio Accornero设计了一条特别的丝巾作为礼物。这条丝巾上绘制了精美的花卉图案，后来被命名为Flora。Flora图案不仅成为古驰最著名的印花图案之一，还被广泛应用于品牌的各类产品中。这个设计充分体现了古驰与皇室贵族的密切关系，以及品牌对艺术的重视（图17-11、图17-12）。

进入1970年代，古驰继续其全球化步伐，将目光投向了快速发展的亚洲市场。品牌在日本东京和中国香港开设了专卖店，为后来在亚洲的蓬勃发展奠定了基础。这一时期，古驰已

图 17-8　双G Logo

图 17-9　美国第一夫人 Jacqueline Kennedy

图 17-10　Jackie包

图17-11　摩纳哥格蕾丝王妃

图17-12　Flora图案丝巾

图17-13　Gucci进入亚洲市场

图17-14　第一场成衣时装秀

经从一个家族企业发展成为一个国际化的奢侈品集团，其产品成为全球精英阶层的最爱，从欧洲王室到好莱坞明星，都对这个意大利品牌青睐有加（图17-13）。

1981年，古驰在品牌成立60周年之际，迈出了一个具有里程碑意义的步伐，在佛罗伦萨皮蒂宫的白色大厅举办了品牌的第一场成衣时装秀。这场秀不仅标志着古驰从传统皮具品牌向全方位时尚品牌的转型，也展现了品牌对自身传统的尊重和创新精神。时装秀的设计大量借鉴了标志性的Flora印花，巧妙地将品牌历史与当代时尚融为一体（图17-14）。

1989年至1992年，理查德·兰伯森（Richard Lambertson）担任古驰的设计总监。在这个品牌面临形象下滑的关键时期，理查德·兰伯森肩负着重塑古驰形象的重任。他的设计风格尝试将现代元素融入传统设计，注重实用性和功能性，同时保留了品牌的经典元素，如双G Logo和竹节设计。虽然任期相对较短，但理查德·兰伯森的工作为古驰后续的全面复兴奠定了初步基础（图17-15、图17-16）。

1990年至1991年，Dawn Mello短暂担任古驰的设计总监。Mello曾是纽约著名百货公司Bergdorf Goodman的

图17-15　Richard Lambertson

图17-16　Richard Lambertson的设计

品牌鉴赏

图17-17　Dawn Mello

图17-18　Dawn Mello

时尚总监,她被邀请加入古驰进行品牌重塑。Mello的设计风格强调优雅和简约,注重细节和品质,并尝试将美国时尚元素融入意大利传统设计。虽然她在古驰的时间不长,但她为品牌重新定位为高端时尚品牌做出了重要贡献(图17-17、图17-18)。

1990年,一个对古驰未来产生深远影响的重要事件发生了,汤姆·福特(Tom Ford)加入了公司。汤姆·福特最初被招募为古驰女装设计师。他的加入为品牌注入了新的活力,也为古驰后续的戏剧性转型埋下了伏笔(图17-19)。

图17-19　汤姆·福特

图17-20　汤姆·福特的设计1

1994年,汤姆·福特被任命为古驰的创意总监,开启了品牌历史上最辉煌的时期之一。汤姆·福特的设计风格大胆前卫,将性感、奢华与现代感完美融合。他成功地将古驰从一个濒临破产的传统皮具品牌转变为一个充满活力的时尚帝国。在他的领导下,古驰重新定义了现代奢华,吸引了新一代的消费者(图17-20~图17-22)。

1995年,汤姆·福特推出了他为古驰设计的第一个完整系列,被称为Porno Chic。这个系列以性感大胆的白色连衣裙和挑逗性的镂空设计闻名,立即在时尚界引起轰动。汤姆·福特的设计彻底改变了人们对古驰的印象,将品牌定位为性感、现代和大胆的代名词。这场秀不仅是古驰的转折点,也影响了整个20世纪90年代的时尚走向,奠定了汤姆·福特在时尚界的地位(图17-23、图17-24)。

图17-21　汤姆·福特的设计2

图17-22　汤姆·福特的设计3

图 17-23　Porno Chic 系列

图 17-24　Porno Chic 系列

品牌现阶段（2004至今）

在汤姆·福特离开后，古驰进入了一个短暂的过渡期。Alessandra Facchinetti被任命为女装创意总监，肩负着延续品牌成功的重任。Facchinetti是一位意大利设计师，以其温柔、女性化的设计风格闻名。她尝试将柔美元素融入古驰的性感风格中，注重细节和精致工艺。虽然她的任期相对较短，但她为古驰的设计风格转型提供了新的思路，特别是在工艺和细节方面获得了一定的好评（图17-25~图17-27）。

2006年，费里答·贾娜妮（Frida Giannini）接任古驰创意总监一职，开启了品牌发展的新篇章。费里答·贾娜妮在古驰工作多年，深谙品牌DNA。她的设计风格优雅、精致，带有浓郁的

图 17-25　Alessandra Facchinetti

图 17-26　Alessandra Facchinetti的设计1

图 17-27　Alessandra Facchinetti的设计2

复古气息，同时注重色彩和图案设计。在她的领导下，古驰重新诠释了品牌经典元素，如Flora花卉图案，并推出了多个成功的配饰系列，如Bamboo和Jackie包袋（图17-28~图17-31）。

费里答·贾娜妮还成功扩大了品牌的男装和童装业务，稳定了古驰在奢侈品市场的领先地位。她的任期内，古驰在数字化和可持续发展方面也取得了重要进展。尽管后期面临增长放缓的挑战，但费里答·贾娜妮为品牌的稳定发展做出了重要贡献。

2015年，亚历山大·米开理（Alessandro Michele）的任命被视为一个大胆而富有远见的决定。亚历山大·米开理此前在古驰工作多年，但并非公众熟知的人物。然而，他很快就用独特的设计理念证明了自己的价值（图17-32）。

亚历山大·米开理的设计风格可以用复古、浪漫、富有戏剧性来形容。他大胆混搭不同时代的文化元素，注重个性化和自我表达。亚历山大·米开理的设计彻底改变了古驰的品牌形象，吸引了大量年轻消费者。他打破性别界限，

图17-28 费里答·贾娜妮　**图17-29** 费里答·贾娜妮的设计1　**图17-30** 费里答·贾娜妮的设计2　**图17-31** 费里答·贾娜妮的设计3

图17-32 亚历山大·米开理　　**图17-33** 亚历山大·米开理的设计

推动性别中性设计，将艺术、文学、流行文化等多元素融入设计中（图17-33）。

在亚历山大·米开理的领导下，古驰不仅成功吸引了新一代消费者，大幅提升了品牌销售额，还重新定义了奢侈品的概念，强调个性和创意。亚历山大·米开理获得了多个重要时尚奖项，成为当代最具影响力的设计师之一。

2017年，古驰做出了一个具有里程碑意义的决定——宣布停用皮草。这一决定反映了品牌对可持续发展和动物福利的重视，也对整个时尚行业产生了深远影响。古驰成为第一个做出这一承诺的主要奢侈品牌之一，引领了行业的变革（图17-34）。

这一决定不仅赢得了动物保护组织和环保人士的赞赏，也得到了越来越多关注可持续时尚的消费者的支持。古驰的这一举措展示了品牌在社会责任和环境保护方面的领导力，也为其他奢侈品牌树立了榜样。

2018年，古驰在佛罗伦萨附近成立了ArtLab创新中心，这是一个占地37 000平方米的尖端设施。ArtLab的成立标志着古驰在创新和工艺方面的重大投资，进一步巩固了品牌在奢侈品行业的领先地位（图17-35）。

ArtLab主要用于开发和测试新的鞋履、新材料、金属配件和包装等。这个创新中心汇集了古驰最优秀的工匠和设计师，为品牌提供了一个实验和创新的平台。通过ArtLab，古驰能够更快速地将创意转化为产品，提高生产效率，同时保持品牌一贯的高品质标准。

ArtLab的成立不仅体现了古驰对创新的承诺，也展示了品牌在保持传统工艺的同时拥抱新技术的决心。这个创新中心成为古驰未来发展的重要引擎，为品牌在快速变化的奢侈品市场中保持竞争力提供了强有力的支持。

2020年是古驰在可持续发展和数字化转型

图17-34　宣布停用皮草

图17-35　ArtLab创新中心

方面取得重大突破的一年。

2020年6月，古驰推出了品牌首个完全可持续系列"Off the Grid"。这个系列使用了回收和有机材料，包括再生尼龙、再生钢和再生聚酯纤维等。"Off the Grid"系列不仅展示了古驰对环保的坚定承诺，也证明了奢侈品牌可以在不牺牲设计和品质的前提下实现可持续发展。这一举措在时尚界引起了广泛关注，为其他品牌树立了榜样（图17-36~图17-39）。

2020年12月，古驰与中国电商巨头阿里巴巴达成合作，在天猫开设了两家官方店铺，分别经营时装和美妆产品。这一战略性举措标志着古驰加强了在中国这个全球最大奢侈品市场的布局。通过与阿里巴巴合作，古驰不仅扩大

图 17-36 首个完全可持续系列"Off the Grid"1

图 17-37 首个完全可持续系列"Off the Grid"2

图 17-38 首个完全可持续系列"Off the Grid"3

图 17-40 Twinsburg秀

图 17-39 首个完全可持续系列"Off the Grid"4

了其在中国的线上销售渠道,还能更好地了解和服务中国消费者,为品牌在这个关键市场的长期发展奠定基础。

2022年是古驰创意方向发生重大转折的一年。

2022年9月,时任创意总监亚历山大·米开理为古驰2023春夏系列策划了一场令人难忘的时装秀,名为Twinsburg。这场秀以68对完全相同的双胞胎模特走秀而闻名,探讨了身份、复制和独特性的主题。Twinsburg秀不仅展示了亚历山大·米开理非凡的创意才华,也成为时尚史上的一个重要时刻,引发了业界对时装秀形式和内容的深度思考(图17-40)。

然而,仅仅两个月后的11月,亚历山大·米开理宣布离职,结束了他在古驰七年的创意总监生涯。亚历山大·米开理的离开标志着古驰一个重要时期的结束。在他的领导下,古驰经历了一次彻底的形象重塑,其以复古浪漫的风格吸引了大量年轻消费者,推动了品牌销售额的大幅增长。亚历山大·米开理的离职引发了业界对古驰未来创意方向的广泛讨论。

2023年是古驰管理层和创意方向发生重大变革的一年。

2023年1月，古驰宣布任命Sabato De Sarno为新任创意总监。De Sarno此前在华伦天奴（Valentino）工作多年，被认为能够为古驰带来新的设计理念。他的任命旨在"重建古驰的锐气"和"恢复品牌价值"，开启了古驰的新篇章。业界普遍期待De Sarno能够在保持品牌DNA的同时，为古驰注入新的活力（图17-41、图17-42）。

2023年7月，开云集团宣布Jean-François Palus接任古驰CEO一职。Palus的任命反映了母公司开云集团对古驰管理层的调整，以应对品牌增长放缓的挑战。作为开云集团的长期高管，Palus被认为能够为古驰带来更多战略性思考和管理经验，帮助品牌在竞争激烈的奢侈品市场中重新获得增长动力。

2023年9月，Sabato De Sarno在米兰时装周上发布了他作为古驰创意总监的首个系列Gucci Ancora。这场备受期待的秀展示了De Sarno对古驰的全新诠释。他的设计以简洁优雅为主，同时引入了一种新的标志性颜色——古驰红。Gucci Ancora系列获得了业界的广泛好评，被认

图17-41　Sabato De Sarno

图17-42　Sabato De Sarno的设计

为成功地重塑了古驰的奢华形象，同时保持了品牌的现代感。这场秀被视为古驰新时代的开始，为品牌的未来发展指明了方向（图17-43、图17-44）。

图17-43　Gucci Ancora系列1

图17-44　Gucci Ancora系列2

18. 芬迪（Fendi）
品牌介绍

品牌创立期（1918-1965）

芬迪品牌的历史可以追溯到1918年。在那一年，阿黛勒·卡萨格兰德（Adele Casagrande）在意大利首都罗马创立了一家专门制作皮革和皮草制品的小型工作室。这家工作室专为高端客户提供定制服务，成为芬迪品牌的前身（图18-1）。

1925年是芬迪品牌发展的重要转折点。这一年，阿黛勒·卡萨格兰德与芬迪结婚，并决定将工作室更名为Fendi。这一决定不仅标志着芬迪作为一个品牌的正式诞生。

随着业务的不断扩张，芬迪在20世纪30年代于罗马市中心的Via Borgognona大街开设了第一家精品店。这家店铺的开设是芬迪发展历程中的一个里程碑。凭借高品质的工艺和创新的设计，芬迪很快赢得了贵族和社会新贵的青睐，成为罗马旅游者必去的奢侈品购物目的地之一（图18-2）。

1938年，芬迪推出了Selleria手袋系列。这个系列以其精湛的手工艺和优质的材料迅速成为品牌的代表作之一，进一步奠定了芬迪在奢侈品领域的地位（图18-3）。

到了1946年，芬迪迎来了新的发展阶段。阿黛勒·卡萨格兰德和芬迪的五个女儿Paola、Anna、Franca、Carla和Alda陆续加入家族企业。这五姐妹不仅传承了父母的工艺传统，还为品牌注入了新的活力和创意。她们的加入标志着芬迪正式进入了家族企业的第二代，为品牌的未来发展奠定了坚实的基础（图18-4）。

图18-1　阿黛勒·卡萨格兰德与芬迪

图18-2　Fendi罗马精品店

图18-3　Selleria手袋系列

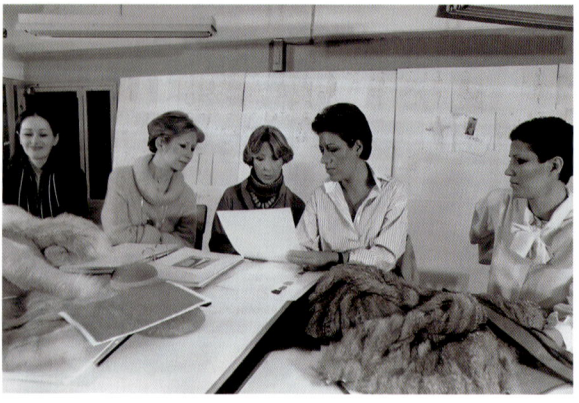

图18-4　Fendi五姐妹

品牌发展期（1965-2001）

1965年是芬迪品牌发展史上的重要转折点。这一年，年轻的德国设计师卡尔·拉格斐（Karl Lagerfeld）加入芬迪，担任品牌创意总监。卡尔·拉格斐的加入为芬迪带来了前所未有的创新，尤其是在皮草和皮革的处理技术上。他重新定义了皮草的处理方式，通过条纹、染色、活褶等创新技术，将传统沉重的皮草转变为轻盈且现代的时尚单品，使皮草从冬季奢侈品变成了四季皆宜的时尚元素（图18-5）。

图18-5　卡尔·拉格斐与芬迪五姐妹

在1970年代，卡尔·拉格斐为芬迪设计了具有标志性的双F标志。这个Logo迅速成为芬迪品牌的重要视觉元素，广泛应用于皮具、配饰和成衣系列中，奠定了品牌的独特身份。双F标志的创造不仅体现了卡尔·拉格斐的创意才华，也为芬迪在国际奢侈品市场上树立了鲜明的品牌形象（图18-6）。

图18-6　Fendi品牌标识

1977年，芬迪推出了其首次成衣系列Histoire d'Eau，并制作了一部18分钟的短片。这部短片讲述了一位年轻女性在罗马度假的故事。她从头到脚都穿着芬迪服装随意地在荒凉的罗马漫步和跳舞，然后与芬迪五姐妹共进午餐（图18-7）。

图18-7　成衣系列Histoire d'Eau

1994年，芬迪家族第三代成员Silvia Venturini Fendi加入品牌，担任配饰和男装系列的创意总监。Silvia延续了家族的设计传统，同时为芬迪带来了更多年轻化和多元化的设计理念。她在男装设计上注入了更多现代和街头元素，平衡了传统剪裁与当代风格，使芬迪的男装线条更加丰富和多元（图18-8）。

1997年，Silvia Venturini Fendi设计的Baguette手袋问世，这款手袋因其形状像法式长棍面包而得名。Baguette手袋以其小巧的体积和时尚设计迅速风靡全球，成为时尚界首个"It

图18-8　Silvia Venturini Fendi　　图18-9　Baguette手袋

Bag"。这款手袋不仅展示了芬迪在配饰设计上的创新能力,也成为流行文化的重要象征,进一步提升了品牌在全球时尚界的地位(图18-9)。

1999年,芬迪品牌迎来了重要的战略性变革。这一年,全球顶级奢侈品集团LVMH与意大利奢侈品牌Prada共同收购了芬迪51%的股份。这次收购不仅为芬迪注入了新的资本和管理经验,也标志着品牌开始了更加国际化的发展道路(图18-10)。

图18-10　加入LVMH集团

品牌现阶段(2001至今)

2001年,LVMH集团成为芬迪的主要股东,这标志着芬迪品牌发展的一个重要里程碑。在LVMH的支持下,芬迪得以扩大其全球市场份额,尤其是在亚洲和北美等新兴市场取得了显著增长(图18-11)。

2005年,为庆祝品牌成立80周年,芬迪将其罗马总部迁入具有历史意义的Boncompagni Ludovisi宫殿。这一举措不仅体现了芬迪对罗马文化遗产的尊重和传承,也彰显了品牌的高端定位和对艺术的追求。新总部的启用为芬迪提供了一个更加宏伟和富有创意的工作环境,进一步提升了品牌的国际形象(图18-12)。

图18-11　Fendi门店

2007年,芬迪在中国长城举办了一场震惊时尚界的时装秀。这场秀不仅是时尚史上的一大创举,也是东西方文化交流的典范。T台上,88名模特展示了芬迪的最新作品。这次活动不仅巩固了芬迪在亚洲市场的地位,还标志着品牌在全球化战略中迈出了重要一步(图18-13)。

图18-12　Fendi罗马总部

2009年,芬迪推出了Peekaboo手袋,这款手袋凭借其独特的开合设计和简约外观,迅速成为品牌的另一个标志性产品。Peekaboo手袋的成功不仅展示了芬迪在配饰设计上的创新能

图18-13　Fendi长城时尚秀

图18-14　Peekaboo手袋

力,也进一步巩固了品牌在全球奢侈品市场的地位(图18-14)。

2011年,芬迪与意大利豪华汽车品牌玛莎拉蒂展开合作,为其GranTurismo Convertible车型设计内饰。这次跨界合作不仅展示了芬迪在汽车内饰设计领域的影响力,也体现了奢侈品牌之间的创新融合,为芬迪开辟了新的业务领域(图18-15)。

2013年,芬迪启动了Fendi For Fountains项目,资助修复罗马的历史性喷泉。这个项目始于对特雷维喷泉的修复,体现了芬迪对罗马文化遗产的保护与贡献。通过这一文化保护项目,芬迪不仅彰显了其作为奢侈时尚品牌的社会责任,更展示了品牌作为文化传承与创新推动者的角色。

2014年,芬迪在时尚界再次展现了其创新精神。这一年,芬迪成为第一家使用无人机记录时装秀的奢侈品牌。这一创举不仅开创了时尚秀场的新纪元,还为观众提供了全新的视角体验。通过引入这种先进技术,芬迪不仅展示了其对科技的前瞻性思考,也巩固了品牌作为行业创新者的地位(图18-16)。

2015年是芬迪发展史上的重要一年。这一年,芬迪将总部迁入建于1942年的标志性建筑Palazzo della Civiltà Italiana(意大利文明宫)。

图18-15　玛莎拉蒂GranTurismo Convertible车内饰

图18-16　无人机纪录时尚秀

图 18-17 Fendi 意大利文明宫总部

这座被誉为罗马现代建筑象征的建筑,不仅成为芬迪的新家,也进一步深化了品牌与罗马这座永恒之城的深厚联系。值得注意的是,芬迪将总部一楼专门用于展示当代艺术,体现了品牌对艺术与文化的持续支持和推广(图 18-17)。

同年,芬迪在巴黎高级定制时装周上推出了首个 Haute Fourrure(高级皮草)系列。这个系列的推出标志着芬迪在皮草设计领域的卓越地位,重新定义了皮草在现代时尚中的角色。通过创新的设计和工艺,芬迪将传统皮草元素融入更现代化的审美之中,展示了品牌在奢侈品领域的创新能力(图 18-18)。

2016年,为庆祝品牌成立90周年,芬迪在罗马的特雷维喷泉举办了一场令人难忘的高级定制秀。这场被誉为时尚界经典之作的秀展,不仅展现了芬迪对其罗马根源的致敬,也完美地将罗马的文化遗产与现代时尚融为一体。模特们身着华丽时装走在特雷维喷泉上的画面,成为时尚史上的经典瞬间(图 18-19)。

2019年,芬迪的长期创意总监卡尔·拉格斐去世,标志着品牌历史上的一个重要转折点。卡尔·拉格斐在超过50年的时间里领导了芬迪的设计,尤其是在皮草设计领域的突破,奠定了芬迪在奢侈品行业中的重要地位。他的离世不仅是芬迪的巨大损失,也是整个时尚界的损失(图 18-20)。

图 18-18 Haute Fourrure(高级皮草)系列　　图 18-19 特雷维喷泉90周年时尚秀

在2000年代初期，芬迪的Baguette手袋因美剧《欲望都市》而迅速走红。剧中，Sarah Jessica Parker饰演的Carrie Bradshaw多次携带Baguette手袋出镜，这使得该款手袋一夜之间成为全球时尚热点。剧中经典台词"这不是手袋，这是Baguette！"更是进一步推动了这款手袋的流行，使其成为潮流文化中的必备单品，也奠定了芬迪在全球奢侈品市场中的重要地位（图18-21）。

图18-20　卡尔·拉格斐　　图18-21　《欲望都市》剧照+Baguette手袋

19. 范思哲（Versace）品牌介绍

品牌创立期（1978-1997）

1946年12月2日，乔瓦尼·詹尼·范思哲（Giovanni Versace）诞生于意大利南部卡拉布里亚地区的雷焦卡拉布里亚。他的母亲是一位裁缝，这对他日后的职业选择产生了深远影响。年轻的乔瓦尼·詹尼·范思哲从小就在母亲的裁缝店里帮忙，培养了对时尚的热爱和敏锐的审美眼光（图19-1）。

20世纪70年代初，尽管范思哲最初学习的是建筑，但他的命运却与时尚紧密相连。在20多岁时，他开始为米兰的时装公司设计服装。一次偶然的机会，他设计的针织服装获得了极大成功，这让他意识到自己在时尚界的潜力。

1978年，32岁的范思哲在米兰发布了他的第一个女装成衣系列，标志着范思哲品牌的正式诞生。这个系列以其大胆的设计和鲜艳的色彩立即吸引了时尚界的目光。范思哲的设计融合了古典与现代元素，强调性感和女性魅力，很快就在国际舞台上崭露头角（图19-2）。

图19-1　乔瓦尼·詹尼·范思哲（右）

图19-2　第一个女装成衣系列

图19-3　金属网眼礼服

图19-4　歌剧《Capriccio》的服装

1982年，范思哲推出首款金属网眼礼服，该礼服使用创新的Oroton轻质金属织物。这一设计不仅展示了品牌的创新精神，将工业材料成功引入时尚领域，也为高级时装带来了新的可能性（图19-3）。

20世纪80年代末至90年代初，范思哲迅速成为全球最受欢迎的奢侈品牌之一。品牌以其大胆、性感和创新的设计而闻名，吸引了众多名人和时尚爱好者。范思哲的设计不仅影响了时尚界，还深深融入了流行文化，成为那个时代的标志之一。同时，范思哲与多位好莱坞明星建立了深厚的友谊，如麦当娜、艾尔顿·约翰等，进一步提升了品牌在娱乐圈的影响力和知名度。

1987年，范思哲为旧金山歌剧院设计了《Capriccio》的服装。这一创举不仅展示了范思哲在舞台艺术领域的才华，也加强了时尚与表演艺术之间的联系。这次合作为高级时装在舞台艺术中的应用开辟了新的道路，同时也提升了服装设计在舞台艺术中的地位。范思哲的设计为歌剧带来了前所未有的视觉冲击，展现了时尚与艺术融合的无限可能（图19-4）。

1991年，范思哲发布了Trésor de la Mer（海洋珍宝）系列。这个系列巧妙地融合了海洋生物元素和巴洛克风格，创造出独特而富有想象力的设计。海马、贝壳、珊瑚等海洋元素被转化为精美的印花和刺绣，与华丽的巴洛克风格完美结合，展现了范思哲在设计上的创造力和对自然美的独特诠释。这个系列不仅在视觉上令人惊艳，也为后续的设计奠定了基调，成为范思哲品牌标志性的设计元素之一（图19-5）。

图19-5　Trésor de la Mer（海洋珍宝）系列

在1991年的秋冬时装秀上，范思哲创造了一个时尚界的经典瞬间——"超模天团"同台走秀。这场秀汇集了当时最炙手可热的超级模特，包括娜奥米·坎贝尔、琳达·伊万格丽斯塔、克里斯蒂·特林顿和辛迪·克劳馥等。这些超模身着范思哲最新设计，在T台上展现出无与伦比的魅力和气场。这一举动不仅提升了品牌的知名度，也定义了20世纪90年代的时尚审美，影响了整个时尚产业对模特和秀场的看法（图19-6）。

图19-6　娜奥米·坎贝尔、琳达·伊万格丽斯塔、克里斯蒂·特林顿和辛迪·克劳馥

1992年，范思哲在设计创新和品牌扩张方面都取得了重要突破。首先，范思哲推出了极具争议和创新性的Miss S&M系列。这个系列大胆地将BDSM元素引入高级时装，挑战了传统的审美观念和社会禁忌。皮革、束腰、金属扣等元素被巧妙地融入设计中，创造出一种前所未有的性感和力量感。尽管这个系列在当时引起了不小的争议，但它也彰显了范思哲勇于突破界限、挑战传统的设计理念，为时尚界注入了新的活力和思考（图19-7）。

其次，范思哲推出了Versace Home系列，将品牌的设计理念扩展到家居用品领域。这个系列包括床上用品、餐具、家具等，都融入了范思哲标志性的巴洛克印花和美杜莎图案。这一举措不仅拓展了品牌的业务范围，也让消费者能够在日常生活中更全面地体验范思哲的奢华风格。Versace Home的推出标志着品牌从单纯的服装设计向全方位生活方式品牌的转变，为后续的多元化发展奠定了基础（图19-8）。

图19-7　Miss S&M系列

1994年，范思哲设计了标志性的"安全别针"礼服。这件礼服由英国女演员Elizabeth Hurley在首映式上穿着亮相，立即引起了轰动。这件大胆而富有创意的设计，巧妙地运用了安全别针作为连接元素，不仅展现了范思哲的叛逆精神，也重新定义了红毯时尚。这件礼服成为20世纪90年代的文化象征，彰显了范思哲在挑战传统审美和创造话题性方面的才能（图19-9）。

图19-8　Versace Home系列

图19-9 英国女演员 Elizabeth Hurley 身穿"安全别针"礼服

图19-10 乔尼瓦·詹妮·范思哲

图19-11 Versace Home 系列

品牌发展期（1997-2018）

1997年7月15日，这一天成为范思哲品牌历史上最为悲痛的时刻。品牌创始人 Gianni Versace 在迈阿密海滩的家门口遭到枪击身亡，年仅50岁。这一突如其来的悲剧震惊了整个时尚界，也给范思哲帝国带来了巨大的挑战。在这个关键时刻，Gianni Versace 的妹妹 Donatella Versace 接任创意总监，肩负起继续推动品牌发展的重任。Donatella 在保留兄长经典设计元素的同时，也逐渐引入自己的现代简约风格，确保了范思哲在新时代的持续成功。这一平稳的权力交接不仅体现了范思哲家族的凝聚力，也展示了品牌强大的适应能力和生命力（图19-10）。

2000年，在新千年的开端，范思哲再次创造了一个划时代的时尚瞬间。在当年的格莱美颁奖典礼上，流行歌手 Jennifer Lopez 身着一袭范思哲热带印花礼服惊艳亮相。这件低胸、高开衩的绿色礼服不仅成为当晚的焦点，更在随后的数周内引发了全球范围的热议。这件礼服的影响力如此之大，以至于促使了 Google 图片搜索功能的诞生。当时，大量用户搜索 Lopez 穿着这件礼服的照片，促使 Google 意识到开发专门图片搜索工具的必要性。这一事件不仅彰显了范思哲在创造文化现象方面的能力，也展示了时尚如何能够影响科技发展，成为数字时代和时尚交汇的经典案例（图19-11）。

2017年，在春夏系列时装秀上，范思哲以一种独特的方式纪念了 Gianni Versace 逝世20周年。Donatella Versace 再次召集了20世纪90年代的超级模特们，包括 Naomi Campbell、Claudia Schiffer、Cindy Crawford 等，让她们重返T台。这场秀不仅唤起了人们对 Gianni Versace 辉煌时代的回忆，也展示了范思哲品牌的持久魅力和影响力。通过将过去的辉煌与当下的设计相结合，范思哲成功地向新一代消费者传递了品牌的历史和价值（图19-12）。

图 19-12　Gianni Versace 逝世 20 周年春夏系列时装秀　　　图 19-13　Trésor de la Mer（海洋珍宝）+Baroque（巴洛克）印花

同年，范思哲与流行音乐巨星 Lady Gaga 展开合作，进一步扩大了品牌的文化影响力。这次合作不仅包括为 Lady Gaga 设计演出服装，还涉及了一系列联名产品的推出。通过与当代流行文化图标的合作，范思哲成功地吸引了年轻一代的关注，同时也展示了品牌在跨界合作和创新营销方面的能力。这种策略不仅刷新了品牌形象，也为范思哲在数字时代的品牌建设提供了新的思路。

2018 年，在创意方面，Versace 的春夏系列重现了 Gianni Versace 时代的经典印花，如 Trésor de la Mer（海洋珍宝）和 Baroque（巴洛克）印花。这一举措不仅是对品牌创始人的致敬，也是对范思哲丰富设计遗产的重新诠释。通过现代视角重新演绎这些经典元素，范思哲成功地在保持品牌传统的同时，吸引了新一代消费者的目光（图 19-13）。在可持续发展方面，范思哲做出了一个具有里程碑意义的决定：宣布停止使用真皮草。这一举措响应了全球日益增长的环保意识，展现了奢侈品牌在推进可持续时尚方面的决心。这不仅影响了范思哲自身的生产和设计理念，也为整个奢侈品行业树立了榜样，推动了行业向更环保、更负责任的方向发展。在市场拓展方面，范思哲与球鞋品牌 Chain Reaction 展开合作，正式进军运动时尚市场。这一合作体现了范思哲在适应当代消费者需求方面的敏锐洞察力，也标志着品牌向更年轻、更多元化的市场迈进。通过将高级时装的奢华元素与街头运动风格相结合，范思哲成功地拓展了品牌的受众群体（图 19-14）。

图 19-14　Versace 与品牌 Chain Reaction 合作球鞋

同年，范思哲被美国时尚集团Michael Kors以21亿美元的价格收购，成为Capri Holdings的一部分。这次收购不仅为范思哲带来了新的资金支持和全球化发展机遇，也标志着品牌进入了一个新的发展阶段。作为Capri Holdings旗下的品牌，范思哲有望在保持其独特创意和奢华形象的同时，进一步扩大其全球市场份额。

品牌现阶段（2018至今）

2019年，延续前一年的创新势头，范思哲与纽约设计师品牌KITH展开合作，推出了街头风格联名系列。这次跨界合作不仅体现了范思哲在融合高级时装与街头文化方面的持续努力，也展示了品牌在吸引年轻消费群体方面的战略布局。通过与知名街头品牌的合作，范思哲成功地将其奢华设计理念与当代urban文化相结合，创造出既保留品牌DNA又充满现代感的产品线（图19-15）。

2020年，面对全球疫情带来的挑战，范思哲迅速调整策略，加速了数字化转型进程。品牌推出了一系列创新服务，其中最引人注目的是虚拟试衣功能。这项技术的应用不仅提升了消费者的在线购物体验，也展示了范思哲在应对危机和拥抱新技术方面的灵活性。通过数字化转型，范思哲成功地维持了与消费者的联系，并开辟了新的销售渠道，为后疫情时代的品牌发展奠定了基础。

2021年，受全球疫情影响，范思哲举办了首次数字时装秀Versacepolis。这场虚拟秀场创造了一个令人惊叹的水下幻想世界，将范思哲的奢华设计与先进的数字技术完美融合。通过这种创新的展示方式，范思哲不仅克服了疫情带来的物理限制，还为观众带来了一场前所未有的视觉盛宴。这次数字秀不仅展示了品牌的设计实力，也彰显了范思哲在数字时代的适应能力和创新精神。

同年，范思哲与同为奢侈品牌的芬迪展开了一次突破性的合作，推出了Fendace联名系列。这次合作打破了奢侈品牌之间的传统界限，两个历史悠久的意大利品牌首次互换设计师，创造出一系列融合两家品牌DNA的独特作品。这一举措不仅刷新了时尚界对品牌合作的认知，也为奢侈品行业的创新合作模式树立了新标杆（图19-16）。

图19-15　KITH街头风格联名系列

图19-16　Fendace联名系列

2022年，延续前一年的创新势头，范思哲在这一年宣布进军元宇宙，计划推出NFT系列和虚拟时装。这一决策反映了品牌对数字化未来的前瞻性思考和战略布局。通过开发NFT和虚拟时装，范思哲旨在吸引新一代数字原生代消费者，同时拓展品牌在虚拟世界的影响力。这一举措不仅展示了范思哲在数字创新领域的领导地位，也为传统奢侈品牌在数字时代的转型提供了重要参考（图19-17）。

2023年，范思哲与国际流行歌手Dua Lipa展开合作，在秀场上展示了联名系列。这次合作不仅体现了范思哲与当代流行文化的紧密联系，也展示了品牌在吸引年轻消费群体方面的战略眼光。通过与Dua Lipa这样的全球性流行偶像合作，范思哲成功地将其奢华设计理念与当代流行文化相结合，进一步扩大了品牌的影响力和受众群体。

同步，范思哲发布了一项全面的可持续发展战略，设定了到2030年实现碳中和的宏伟目标。这一战略不仅包括使用更多环保材料和改进生产流程，还涉及整个供应链的可持续性改造。通过制定这一长期目标，范思哲展示了品牌对环境责任的承诺，同时也响应了全球消费者对可持续时尚的日益关注。这一举措不仅有助于提升品牌形象，也为整个奢侈品行业的可持续发展树立了榜样。

20. 葆蝶家（Bottega Veneta）品牌介绍

品牌创立期（1966-2000）

1966年，Michele Taddei和Renzo Zengiaro在意大利威尼托大区的维琴察创立了葆蝶家（Bottega Veneta）品牌。Taddei出身于一个有着深厚艺术底蕴的意大利家族，而Zengiaro则拥有丰富的皮革制作经验。他们的品牌名称在意大利语中意为"威尼斯工坊"，体现了对手工艺和传统工艺的重视（图20-1）。

1970年，葆蝶家在纽约麦迪逊大街开设了第一家海外门店，这标志着品牌开始向国际市

图19-17 NFT系列和虚拟时装

图20-1 Michele Taddei

图20-2　纽约门店

图20-3　美国艺术家Andy Warhol

图20-4　Lauren Hutton在电影《美国舞男》中使用的Bottega Veneta手包

图20-5　汤马斯·麦耶

场扩张。20世纪70年代，葆蝶家获得广泛的欢迎，吸引了一批高端客户，包括意大利贵族和好莱坞明星（图20-2）。

著名的美国艺术家Andy Warhol是葆蝶家的忠实粉丝之一。他经常光顾纽约的门店，并在自己的作品中多次提到这个品牌。Warhol的支持为葆蝶家带来了更多艺术界和时尚界的关注，进一步提升了品牌的声誉（图20-3）。

1978年，演员Lauren Hutton在电影《美国舞男》中使用的葆蝶家手包成为了一个经典形象，为品牌赢得了更多的知名度（图20-4）。

20世纪70年代末，两位创始人Michele Taddei和Renzo Zengiaro相继离开了公司。随后，Michele Taddei的前妻Laura及其现任丈夫Vittorio Moltedo成为了公司的所有者。在他们的领导下，品牌继续扩大产品线，并在全球开设更多门店。

品牌发展期（2001-2018）

2001年，葆蝶家品牌迎来了一个重要的转折点。这一年，Gucci集团收购了葆蝶家，为这个陷入财务困境的品牌注入了新的活力。随后，Gucci集团做出了一个关键决策，任命德国设计师汤马斯·麦耶（Tomas Maier）为葆蝶家的创意总监。这一任命标志着品牌发展史上的一个新篇章的开始（图20-5）。

在汤马斯·麦耶的领导下，葆蝶家经历了一场深刻的变革。从2001年到2018年，汤马斯·麦耶在其17年的任期内重新定位了品牌，强调"隐形奢华"的理念，将重点放在卓越的工艺和优质的材料上。他推出了多个经典设计，其中最著名的是Cabat手提包。这款手提包以其独特的编织工艺和优雅的形状彰显身份，而非依赖明显的品牌标志，完美体现了汤马斯·麦耶的设计理念。在汤马斯·麦耶的带领下，葆蝶家重新赢得了高端消费者的青睐，并在奢侈品市场中重新确立了自己的地位（图20-6）。

图20-6　Bottega Veneta宣传海报　　图20-7　丹尼尔·李　　图20-8　丹尼尔·李的设计

2018年6月15日，葆蝶家宣布任命丹尼尔·李（Daniel Lee）为新任创意总监，开启了品牌发展的新时代。丹尼尔·李是一位年轻的英国设计师，毕业于中央圣马丁艺术与设计学院，在加入葆蝶家之前，他在Céline工作多年，积累了丰富的奢侈品设计经验。丹尼尔·李的任命为品牌注入了新的活力，他的设计理念旨在保持品牌核心价值的同时，引入更多现代元素，吸引新一代的奢侈品消费者（图20-7）。

品牌现阶段（2019至今）

2019年2月22日是葆蝶家品牌历史上的另一个重要日期。在这一天，丹尼尔·李首次为葆蝶家设计的2019秋冬系列在米兰时装周发布。这场备受期待的时装秀展示了丹尼尔·李对品牌的全新诠释，融合了现代简约风格与品牌传统工艺，获得了业界的广泛好评。丹尼尔·李的设计为葆蝶家带来了新的美学方向，展现了品牌在保持传统的同时拥抱现代的能力（图20-8）。

2019年7月，丹尼尔·李设计的两款标志性产品——The Pouch手袋和Cassette包正式推出，迅速成为街拍爱好者的最爱。这两款包袋的成功不仅重新定义了现代奢侈品的概念，还为葆蝶家赢得了新一代消费者的青睐。The Pouch手袋以其柔软的云朵状设计迅速成为时尚界的It Bag，而Cassette包则以其方形设计和放大版的Intrecciato编织吸引了众多目光。这些设计充分展示了丹尼尔·李将现代元素融入传统工艺的能力，为葆蝶家开创了新的设计语言（图20-9、图20-10）。

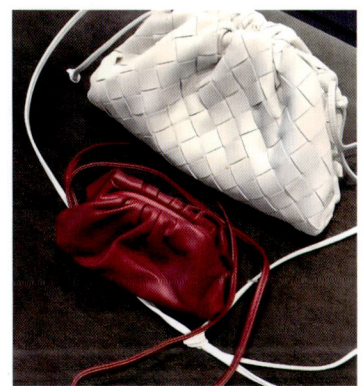

图20-9　The Pouch手袋

图20-10　Cassette包

图20-11　Salon 01系列

图20-12　2020伦敦时尚秀

图20-13　Salon 02系列

2020年，全球疫情的爆发给时尚产业带来了前所未有的挑战。面对这一困境，葆蝶家在创意总监丹尼尔·李的带领下，积极探索新的展示方式。2020年2月，品牌首次尝试数字时装秀的形式，推出了Salon 01系列。这一创新举措不仅展现了品牌对数字化转型的决心，也为整个奢侈品行业在疫情期间的营销策略提供了新的思路（图20-11）。

同年，丹尼尔·李在伦敦举办了一场备受关注的秘密时装秀。这场秀打破了传统时装秀的规则，只邀请了少数精选嘉宾参加。这种独特的展示方式不仅创造了独特的体验，也强化了品牌的神秘感和排他性，引发了业界广泛讨论（图20-12）。

2021年1月，葆蝶家做出了一个令人惊讶的决定：关闭所有社交媒体账户。这一举动在当时的数字化浪潮中显得格外突出。品牌表示，这是为了回归到更加个人化和直接的沟通方式。这一策略虽然冒险，但也彰显了品牌对传统奢侈品营销理念的坚持，即通过稀缺性和神秘感来提升品牌价值。

2021年4月，葆蝶家在柏林举办了Salon 02系列发布会，展示2021秋冬系列。选择柏林这个充满艺术气息和前卫文化的城市，反映了品牌对创新和突破的追求。这场发布会不仅展示了新的设计理念，也进一步强化了品牌在全球时尚舞台上的地位（图20-13）。

然而，2021年11月10日，一个意外的消息震惊了时尚界：丹尼尔·李宣布离开葆蝶家。丹尼尔·李在短短三年内成功重塑了品牌形象，将葆蝶家从一个传统的皮具品牌转变为引领潮流的时尚先锋。他的突然离职引发了业界的广泛猜测和讨论，也为品牌的未来发展带来了新的不确定性。

2021年11月15日，葆蝶家迎来了新的创意领袖。马修·布拉齐（Matthieu Blazy）被任命为品牌的新任创意总监，接替了突然离职的丹尼尔·李。马修·布拉齐的加入为品牌注入了新的创意活力，同时也标志着葆蝶家进入了一个新的发展阶段（图20-14）。

2022年2月，马修·布拉齐在米兰时装周上发布了他为葆蝶家设计的首个系列。这场备受期待的时装秀展示了马修·布拉齐对品牌传统的理解和创新。他在保持葆蝶家精湛工艺的基础上，巧妙地融入了现代元素，为品牌带来了新的设计语言。这次发布会不仅展示了马修·布拉齐的设计才华，也为葆蝶家的未来发展方向提供了清晰的指引（图20-15、图20-16）。

2022年7月，葆蝶家推出了一项名为Bottega for Bottegas的创新项目。这个项目旨在支持意大利的工匠和小型企业，体现了品牌对传统工艺的尊重和对社会责任的承担。通过这个项目，葆蝶家不仅展示了自身的工艺传统，也为意大利的手工艺产业提供了宝贵的支持和曝光机会（图20-17）。

2023年2月，葆蝶家在米兰举办了一场大型回顾展。这次展览全面展示了品牌从创立到现代的创作历程，让观众深入了解葆蝶家的设计理念、工艺传承和品牌演变。通过展示历年来的经典作品和创新设计，这场回顾展不仅回顾了品牌的辉煌历史，也展望了其未来发展方向。

2023年至2024年期间，葆蝶家在年轻消费群体中的影响力持续增长。以Kendall Jenner和Hailey Bieber为代表的年轻明星频繁在公开场合和社交媒体上展示品牌的新款产品，引领了新一轮的时尚潮流。这些明星的青睐不仅提升了品牌的知名度，也帮助葆蝶家吸引了更多年轻消费者，巩固了其在奢侈品市场中的地位（图20-18）。

图20-14　马修·布拉齐

图20-15　2022米兰时装周

图20-16　马修·布拉齐的设计

图20-17　Bottega for Bottegas的创新项目

图20-18　宣传海报

伦敦

21. 博柏利（Burberry）品牌介绍

品牌创立期（1865-1955）

1856年，21岁的托马斯·博柏利（Thomas Burberry）在英国汉普郡的贝辛斯托克小镇开设了他的第一家服装店，这标志着博柏利品牌的诞生。年轻的托马斯·博柏利对户外运动有着浓厚的兴趣，深知英国多变天气给户外爱好者带来的困扰。他决心要为热爱自然的人们创造出既舒适又实用的服装。托马斯·博柏利的设计理念很简单：服装应该既能保护穿着者，又不妨碍他们的活动。他精心挑选面料，考虑每一个细节，力求让每件衣服都能在恶劣天气中发挥最大作用（图21-1）。

经过23年的不懈努力，托马斯·博柏利在1879年取得了突破性的发现。他发明了一种全新的面料——嘎巴甸（Gabardine）。这种面料既防水透气，又轻便耐用，是户外运动爱好者的理想选择。托马斯·博柏利采用了创新的织法，将纱线在织造前进行防水处理，然后紧密地编织在一起。这种方法使得面料能够抵御雨水，同时又能让空气流通，避免了传统防水面料容易让人感到闷热的缺点（图21-2、图21-3）。

为了让品牌有一个更加鲜明的视觉标识，托马斯·博柏利在1901年举办了一场公开的设计竞赛。最终，一个骑士的形象脱颖而出。这个骑士Logo象征着博柏利的骑士精神：勇往直前，永不言败。骑士手持的长矛上写着一个拉丁文单词"Prorsum"，意为"前进"。这个Logo完美地诠释了博柏利的品牌理念：不断创新，永远向前（图21-4、图21-5）。

1912年，托马斯·博柏利为英国军官设计了Tielocken军装大衣，这成为后来著名的Trench风衣的雏形。这种设计融合了实用性和时尚感，采用防水的嘎巴甸面料，能在恶劣的环境中保护穿着者（图21-6）。

1914年，第一次世界大战爆发。英国政府注意到了博柏利嘎巴甸面料的优秀性能，邀请博柏利为军队设计制服。托马斯·博柏利和他的团队接受了这个挑战，为英国军官设计了一

图21-1　托马斯·博柏利

图21-2　Burberry防水面料嘎巴甸（Gabardine）

图21-3　托马斯·博柏利早期设计

图21-4 Burberry 品牌标识

图21-5 Burberry 品牌标识火漆印

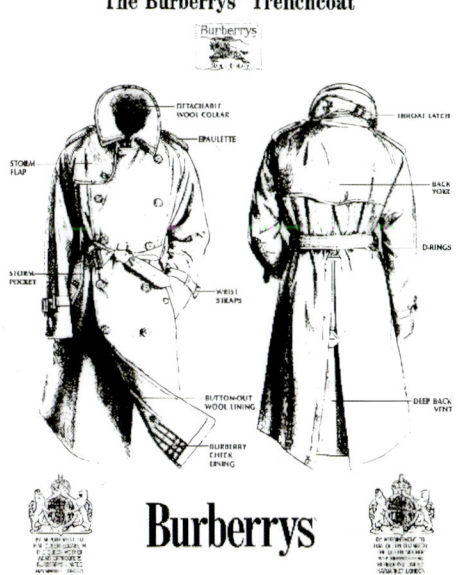

图21-6 Trench 风衣

种既实用又有型的外套，这就是后来被称为Trench Coat的风衣。Trench Coat风衣的设计考虑到了军官们的需求：宽大的口袋可以放置地图和其他必需品，肩章可以用来固定军衔标志，腰带则可以系紧以抵御寒风（图21-7、图21-8）。

20世纪20年代，博柏利品牌迎来了一项重要的创新。设计师们将目光转向了风衣的内衬，希望为这个实用的服装增添一些独特的风格元素。他们创造了一种由米色、黑色、白色和红色组成的独特格纹图案。这种格纹最初只是作为风衣的内衬使用，但很快就因其独特的美感而受到顾客的喜爱。当风衣敞开时，内衬的格纹若隐若现，给整体造型增添了一份独特的魅力。这种格纹后来被称为Nova格纹，成为博柏利最具辨识度的视觉元素之一（图21-9、图21-10）。

图21-7 Trench Coat风衣设计

图21-8 穿Trench Coat的军官

图21-9 Nova格纹

图21-10 Nova格纹风衣内衬

品牌鉴赏 123

1937年，博柏利参与了一项令人振奋的航空冒险。品牌赞助了一次从伦敦克罗伊登飞往开普敦的破纪录飞行。这次飞行不仅是对人类飞行能力的挑战，也是博柏利展示其产品性能的绝佳机会。飞机被命名为The Burberry，飞行员Betty Kirby-Green和飞行军官Arthur Clouston都身着博柏利服饰。这次飞行创造了当时的世界长途飞行纪录，不仅展示了人类的冒险精神，也为博柏利赢得了巨大声誉，进一步巩固了品牌在户外和冒险装备领域的地位（图21-11）。

1955年是博柏利历史上的重要一年，品牌经历了两件具有里程碑意义的事件。首先，伊丽莎白二世女王授予博柏利皇家认证，认可其作为"防风雨服装"的卓越品质。这一殊荣不仅是对博柏利产品质量的最高肯定，也让品牌成为英国皇室御用品牌之一，大大提升了其在国际市场上的声誉和地位（图21-12）。

其次，Great Universal Stores公司收购了博柏利。这次收购标志着博柏利开始了现代化进程。新的所有者为品牌注入了新的资金和管理理念，推动博柏利从一个传统的英国服装品牌向现代化的国际奢侈品牌转型。这次收购为博柏利的全球化扩张奠定了基础。

品牌发展期（1955-2005）

在Great Universal Stores公司的领导下，博柏利在20世纪70年代到80年代开始了积极的全球化扩张。品牌采取了一个大胆的策略，开始与全球各地的制造商签订协议，生产博柏利品牌的配套产品。这个策略使得博柏利能够快速扩大产品线，同时也让品牌在全球范围内获得了更多的曝光度。

博柏利开始在世界各大城市开设专卖店，将其英伦风格带到了全球各地。品牌还加强了市场营销策划，通过广告和时尚杂志等渠道提升品牌知名度。这一时期的全球化扩张为博柏利后来成为国际知名奢侈品牌奠定了坚实的基础。然而，快速扩张也带来了挑战，如何在不同的市场中保持品牌的一致性和高端形象成为博柏利需要面对的重要问题。

1990年，威尔士亲王查尔斯再次授予博柏利皇家认证，肯定了其在服装设计和制造方面的卓越成就。这一殊荣不仅是对博柏利品质的再次肯定，也进一步巩固了其作为英国国宝级品牌的地位。皇家认证的再次获得，标志着博柏利在传统

图21-11 飞行员Betty Kirby-Green和飞行军官Arthur Clouston

图21-12 伊丽莎白二世女王授予Burberry皇家认证

工艺和创新设计之间取得了完美平衡,成功地将英国皇室的尊贵与现代时尚相结合(图21-13)。

2001年是博柏利发展史上的一个重要里程碑。这一年,博柏利正式在伦敦证券交易所上市,标志着品牌从一个家族企业转变为一个现代化的公众公司。这次上市不仅为博柏利带来了更多的资金支持,也使其管理结构和运营模式更加透明化、规范化。上市后的博柏利开始加速全球扩张,为其后续发展奠定了坚实的基础(图21-14)。

同年,30岁的克里斯托弗·贝利(Christopher Bailey)加入博柏利担任设计总监,为品牌注入了新的创意活力。克里斯托弗·贝利在皇家艺术学院学习时装设计,毕业后曾在Donna Karan和Gucci工作,积累了丰富的设计经验。他的加入标志着博柏利开始向更年轻、更时尚的方向发展。克里斯托弗·贝利善于将博柏利的传统元素与现代设计相结合,为品牌带来了全新的美学视角(图21-15、图21-16)。

图21-13　Burberry服装标牌

图21-14　2001年在伦敦证券交易所上市

品牌现阶段(2005至今)

2006年,安吉拉·阿伦茨(Angela Ahrendts)被任命为博柏利的首席执行官,开启了品牌重塑的新篇章。安吉拉·阿伦茨与克里斯托弗·贝利密切合作,制定了一系列创新策略。她重新定位了博柏利的品牌形象,强化了其英伦风格的特色,同时大力发展数字营销,

图21-15　克里斯托弗·贝利

图21-16　克里斯托弗·贝利的设计

图21-17　安吉拉·阿伦茨的设计1

图21-18　安吉拉·阿伦茨的设计2

图21-19　新型数字营销模式（See Now, Buy Now）

使博柏利成为奢侈品行业数字化的先驱。在安吉拉·阿伦茨的领导下，博柏利重新树立了高端奢侈品牌的地位（图21-17、图21-18）。

2010年，博柏利成为首个加入英国道德贸易联盟的奢侈品牌，彰显了其对企业社会责任的重视。这一举措表明博柏利不仅关注自身的商业发展，也积极参与解决全球供应链中的劳工问题。通过加入该联盟，博柏利承诺在其全球供应链中推行公平劳动标准，保护工人权益，并促进可持续发展。这一决策不仅提升了品牌形象，也为整个奢侈品行业树立了榜样，推动了行业向更加负责任和可持续的方向发展。

2014年，博柏利做出了一个大胆的决定，任命克里斯托弗·贝利同时担任首席创意官和首席执行官。这一举措在奢侈品行业实属罕见，体现了博柏利对创意和商业管理融合的重视。克里斯托弗·贝利的双重角色旨在确保品牌的创意眼光能够与商业策略紧密结合，从而推动博柏利在竞争激烈的奢侈品市场中保持领先地位。这一决策反映了博柏利对创新管理模式的探索，也展现了品牌对克里斯托弗·贝利才能的充分信任。

2016年，博柏利在时尚零售领域掀起了一场革命。品牌宣布采用"即看即买"（See Now, Buy Now）模式，成为首个实施这一策略的奢侈品牌。这意味着消费者可以在时装秀结束后立即购买刚刚在T台上亮相的单品，而不是等待传统的几个月生产周期。这一创新模式旨在满足数字时代消费者对即时满足的需求，同时也挑战了传统的时尚产业链。博柏利的这一举措引发了整个行业的讨论和效仿，标志着奢侈品零售模式的一个重要转折点（图21-19）。

2018年3月，意大利设计师里卡多·堤西（Riccardo Tisci）被任命为博柏利的首席创意官，接替了在位17年的克里斯托弗·贝利。里卡多·堤西以其在Givenchy的出色表现而闻名，他的加入为博柏利注入了新的创意活力。里卡多·堤西的设计风格融合了街头文化、哥特元素和高级时装，这与博柏利的英伦传统形成了有趣的对比。他的任命标志着博柏利在保持品牌传统的同时，也在积极拥抱更加年轻和多元化的审美，以吸引新一代消费者（图21-20、图21-21）。

同年，博柏利成为Ellen MacArthur基金会发起的Make Fashion Circular计划的主要合作伙伴。这一举措体现了博柏利对可持续发展的承诺，以及在推动时尚产业循环经济方面的领导地位。通过参与这个计划，博柏利致力于从设计、生产到回收的全过程中减少浪费，提高资源利用效率。这不仅是对环境负责的表现，也是对消费者日益增长的可持续时尚需求的回应（图21-22）。

2019年，博柏利宣布停止使用真皮草和安哥拉兔毛，成为走在可持续时尚前沿的奢侈品牌之一。这一决定是对动物保护组织和消费者呼声的积极回应，反映了博柏利在道德和可持续发展方面的坚定立场。通过这一举措，博柏利不仅提升了品牌形象，也为整个奢侈品行业树立了榜样，推动了行业向更加环保和人道的方向发展。这一政策的实施标志着博柏利在平衡商业利益和社会责任方面迈出了重要一步（图21-23）。

2020年，新冠疫情席卷全球，给各行各业带来了前所未有的挑战。作为一家具有社会责任感的国际品牌，博柏利迅速做出反应，展现了其在危机时刻的担当和灵活性。公司迅速调整了生产线，将原本用于生产奢侈品的设备和技术转向生产急需的医疗物资。博柏利开始生产医用口罩和防护服，并向医疗机构捐赠这些重要物资。这一举措不仅体现了博柏利的社会责任感，也展示了品牌强大的生产能力和快速应变的能力。通过这种方式，博柏利在困难时期为社会做出了积极贡献，同时也增强了品牌在消费者心中的正面形象（图21-24）。

2021年，博柏利迎来了品牌形象的重大更新。公司推出了全新的品牌标识和视觉形象，这标志着博柏利进入了新的发展阶段。新的视觉形象包括更加简洁现代的骑士Logo，以及全新设计的字体。这

图21-20　里卡多·堤西

图21-21　里卡多·堤西的设计

图21-22　Ellen MacArthur基金会Make Fashion Circular计划合作伙伴

图21-23　宣布停止使用真皮草和安哥拉兔毛

次更新保留了博柏利的传统元素，同时注入了更多现代感，反映了品牌在保持传统的同时不断创新的理念。新的视觉形象旨在吸引更年轻的消费群体，同时保持品牌的高端定位。这次品牌形象更新是博柏利适应数字时代、吸引新一代消费者的重要战略举措（图21-25）。

2022年，博柏利迎来了新的创意领袖。英国设计师丹尼尔·李（Daniel Lee）被任命为博柏利的新任创意总监，接替了里卡多·堤西。丹尼尔·李此前在Bottega Veneta的出色表现让业界对他在博柏利的工作充满期待。丹尼尔·李以其简约而精致的设计风格而闻名，他擅长将传统工艺与现代审美相结合。丹尼尔·李的加入被视为博柏利回归英国设计师主导的新时代的开始，业界期待他能够在保持品牌全球影响力的同时，强化博柏利的英伦特色（图21-26）。

2023年，丹尼尔·李的首个博柏利系列正式亮相，这场备受期待的时装秀成为了时尚界的焦点。丹尼尔·李的设计以鲜艳的色彩和浓郁的英伦元素为特色，获得了时尚界的广泛好评。这个系列巧妙地融合了博柏利的传统元素和现代设计理念，展现了品牌的新面貌。丹尼尔·李成功地重塑了博柏利的英伦风格，同时为品牌注入了新的活力。这场秀不仅标志着博柏利在设计风格上的转变，也预示着品牌未来发展的新方向（图21-27~图21-29）。

2023年，面对快速变化的消费环境，博柏利加大了在数字领域的投资力度。公司推出了全新的线上购物体验和虚拟试衣服务，旨在为消费者提供更加便捷和个性化的购物体验。这些创新举措包括利用增强现实技术让顾客在家就能"试穿"博柏利的产品，以及通过人工智能技术为顾客提供个性化的穿搭建议。博柏利的数字化转型不仅提升了品牌的科技形象，也为公司在后疫情时代的发展开辟了新的增长点。这一系列举措反映了博柏利在适应新零售环境和满足消费者不断变化的需求方面的前瞻性思维（图21-30、图21-31）。

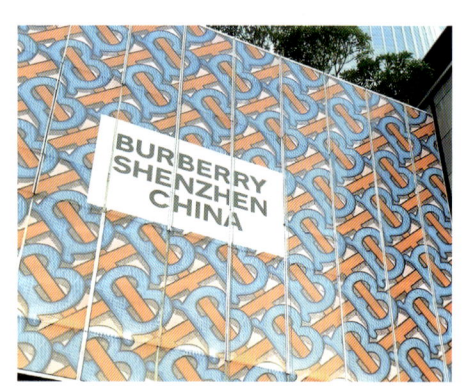

图21-24 向医疗机构捐赠医用口罩和防护服

图21-25 品牌Logo发展史

图21-26 丹尼尔·李

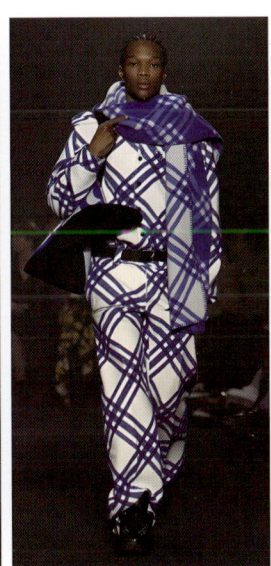

图 21-27　丹尼尔·李的设计 1　　　图 21-28　丹尼尔·李的设计 2

图 21-29　丹尼尔·李的设计 3

图 21-30　时装秀模特

图 21-31　女装系列

品牌鉴赏

22. 薇薇安·韦斯特伍德（Vivienne Westwood）品牌介绍

品牌创立期（1971—20世纪80年代初）

1941年4月8日，薇薇安·韦斯特伍德（Vivienne Isabel Swire）出生于英国德比郡的小渔村赫塔里亚镇。她的父亲是一名船员，母亲则是一名裁缝。在这个普通的工人家庭中，年轻的Vivienne从小就在母亲的影响下对缝制衣物产生了浓厚的兴趣，并学习了基本的缝纫技能。这些早期经历为她日后在时尚界的辉煌成就奠定了坚实的基础（图22-1）。

1962年，Vivienne与Derek Westwood结婚，并从他那里取了自己如今闻名于世的姓氏。然而，这段婚姻并没有持续很长时间。离婚后，Vivienne开始了她与马尔科姆·麦克拉伦（Malcolm McLaren）的合作关系，这段合作不仅改变了她的人生轨迹，也为整个时尚界带来了革命性的变革（图22-2）。

1971年，薇薇安·韦斯特伍德与马尔科姆·麦克拉伦在伦敦英皇大道430号开设了名为"Let it Rock"的商店，这标志着品牌的正式诞生。这家店铺最初主要销售受20世纪50年代音乐和文化启发的服装，体现了Westwood对复古元素的早期兴趣。然而，随着时间的推移，店铺几经更名，分别叫做"Too Fast to Live, Too Young to Die"、"Sex"和"Seditionaries"，最终在20世纪80年代初期改名为"World's End"。每一次更名都反映了Westwood对时代精神的敏锐把握和她不断演变的设计理念（图22-3）。

20世纪70年代中期，Westwood的设计深深植根于朋克文化，她与马尔科姆·麦克拉伦的合作不仅限于时尚，还延伸到音乐领域。他们共同创立了传奇朋克乐队"Sex Pistols"，为朋克文化的兴起做出了巨大贡献。这个时期，Westwood的设计以其大胆、叛逆的风格震撼了时尚界，挑战了传统审美观念。她的设计充满了政治和社会批评，如使用安全别针、铆钉、皮革等元素，将内衣作为外穿服饰等，这些都成为了朋克风格的标志性特征（图22-4）。

1981年，Westwood推出了她的首个正式时

图22-1 小时候的薇薇安·韦斯特伍德

图22-2 薇薇安·韦斯特伍德与马尔科姆·麦克拉伦

图22-3 朋克文化

图22-4 薇薇安·韦斯特伍德与马尔科姆·麦克拉伦

图22-5 海盗系列

图22-6 Witches系列设计

装系列"海盗系列",这标志着她从街头时尚设计师向高级时装设计师的转变。这个系列融合了历史元素和现代设计,展现了Westwood独特的创意视角。她将18世纪的服饰元素与现代街头风格相结合,创造出了一种全新的美学。这一系列的成功不仅确立了Westwood在高级时装界的地位,也为她后续的设计奠定了基调,展示了她将历史元素与现代设计相结合的独特能力(图22-5)。

1983年,Westwood与美国艺术家Keith Haring展开了一次具有里程碑意义的合作。Westwood将Haring标志性的涂鸦风格巧妙融入了她的Witches系列设计中。这次跨界合作不仅展现了Westwood对艺术的热爱和创新精神,也标志着时尚与当代艺术的成功结合。通过这一系列,Westwood再次证明了她在融合不同文化元素和艺术形式方面的独特才能(图22-6)。

品牌发展期(20世纪80年代中-2000)

1989年,Westwood迎来了职业生涯的一个重要里程碑。她被权威时尚杂志WWD(Women's Wear Daily)评为全球六位最佳时装设计师之一,是其中唯一的女性设计师。这一殊荣不仅是对Westwood个人才华的肯定,也标志着她在国际时尚舞台上的地位得到了广泛认可。这一评选结果反映了Westwood在推动时尚创新和挑战传统方面的卓越贡献。

1990年,Westwood推出了具有开创性意义的Portrait系列。在这个系列中,她首次将束胸衣作为外穿服饰呈现,彻底颠覆了人们对内衣的传统认知。这一大胆的设计不仅挑战了传统的穿着规范,也重新定义了女性身体美学。Westwood通过这一系列,展示了她对女性力量和性感的独特诠释,同时也为内衣外穿的时尚潮流奠定了基础(图22-7)。

1992年,Westwood因其在时尚界的杰出贡献获得了英帝国勋章。(图22-8)。

1993年,在Westwood的一场时装秀上发生了一个意外事件,却意外地为品牌带来了巨大的关注度。超模Naomi Campbell在走秀时穿着Westwood设计的超高厚底鞋摔倒了。这双鞋子原本是为了展示Westwood大胆创新的设计理念,没想到因为这次意外事件反而成为品牌的

图22-7　Portrait系列

图22-8　英帝国勋章

图22-9　超模Naomi Campbell在走秀时穿着Westwood设计的超高厚底鞋摔倒

图22-10　"Mini-Crini"系列

经典设计之一。这一事件不仅增加了品牌的曝光度，也凸显了Westwood设计中常见的夸张和挑战性元素。这双厚底鞋后来成为Westwood品牌的标志性产品之一，象征着她对传统美学的挑战和对新形式的不懈追求（图22-9）。

2000年前后，Westwood推出了一系列标志性的设计，这些设计后来成为品牌的经典单品。其中最引人注目的是厚底鞋，这种夸张的设计不仅为穿着者增加身高，还成为了一种反主流文化的象征。同时，Westwood重新诠释了迷你裙，特别是在"Mini-Crini"系列中，她将维多利亚时代的裙撑概念与现代迷你裙长度相结合，创造出独特的轮廓线（图22-10）。

此外，Westwood大量使用苏格兰格纹元素，将这种传统图案应用于各种服装设计中，既保留了格纹的经典美感，又通过创新的剪裁和搭配赋予其新的生命力（图22-11）。将品牌Logo设计成环绕土星的图案的项链，也在这一时期成为了经典配饰，融合了Westwood对宇宙的兴趣和品牌的前卫形象（图22-12）。

2004年，Westwood与英国维多利亚和阿尔伯特博物馆合作，举办了一场大型回顾展。这场展览不仅回顾了Westwood 34年的设计生涯，也让更多人了解到她对时尚界的巨大贡献。展览展示了Westwood从早期的朋克设计到后来的高级时装作品，全面呈现了她的设计理念和艺

图22-11　苏格兰格纹元素

图22-12　将品牌Logo设计成环绕土星的图案的项链

术追求。这次合作也标志着Westwood的设计被正式纳入艺术史的范畴，进一步提升了她在文化界的地位（图22-13）。

品牌现阶段（2000至今）

2006年是Westwood事业的又一个里程碑。这一年，她因在时尚界的杰出贡献被授予女爵士称号，这是英国皇室对她在时尚和文化领域贡献的最高褒奖。同年，Westwood品牌在俄罗斯市场取得了重大突破。品牌在莫斯科、圣彼得堡、基辅和巴库等城市开设了新店，这不仅扩大了品牌的国际影响力，也反映了Westwood设计在不同文化背景下的普遍吸引力（图22-14）。

2008年，Westwood在伦敦时装周上展示Red Label秋冬系列时，将时装秀变成了一个环保宣传平台。模特们手持环保标语走秀，Westwood本人也在秀场上发表了关于气候变化的演讲。这次秀不仅展示了新的服装设计，更重要的是传达了Westwood对环境问题的深切关注。这种将时装与社会议题相结合的做法，成为Westwood品牌的一个重要特色，也影响了整个时尚界对社会责任的认知（图22-15）。

2011年左右，Westwood采取了一个极具戏剧性的行动来表达她对气候变化的担忧——她剃光了自己标志性的红发。这一举动在社交媒体上引起了广泛讨论，成功地将人们的注意力引向了环境问题。Westwood解释说，这个行为象征着对资源浪费的抗议，同时也是对人们采取行动应对气候变化的呼吁。这种将个人形象与社会议题紧密结合的做法，再次展示了Westwood作为一个设计师和社会活动家的双重身份（图22-16）。

2012年，Westwood又一次展现了她将政治理念融入设计的一贯作风。她公开表态支持维基解密创始人朱利安·阿桑奇，并为其设计了特别的

图22-13　Westwood及模特

图22-14　被授予女爵士称号

图22-15　Red Label秋冬系列模特们手持环保标语走秀

图22-16　呼吁气候变化

品牌鉴赏　133

T恤。这一举动不仅体现了Westwood对言论自由的支持，也展示了她如何利用时尚作为表达政治观点的媒介。这件T恤很快成为支持者们的标志性物品，同时也引发了关于设计师社会责任的讨论（图22-17）。

2014年左右，Westwood开始更加积极地参与环保和政治活动。她的参与不再局限于设计领域，而是直接投身于各种社会运动中。其中最引人注目的是她对"不脱欧"运动的支持。Westwood利用自己的影响力，通过各种方式呼吁英国留在欧盟。她在时装秀上展示带有政治信息的设计，参加公开集会，甚至将自己的旗舰店变成了宣传阵地。这一时期的Westwood，展现了一个设计师如何将自己的专业领域与更广泛的社会关切结合起来（图22-18）。

2016年是Vivienne Westwood品牌发展的一个重要转折点。这一年，Westwood任命她的丈夫Andreas Kronthaler为品牌的创意总监。Kronthaler带来了新的设计理念，同时也保持了Westwood品牌一贯的反叛精神和环保理念。这种传承与创新的结合，为品牌注入了新的活力，也确保了Westwood的理念能够继续影响新一代的消费者（图22-19）。

2017年，Vivienne Westwood品牌在上海举办了名为"Get a Life"的大型回顾展。这场展览不仅展示了Westwood在时装设计上的成就，还全面回顾了她作为一个社会活动家的贡献。展览通过服装、照片、视频等多种形式，向观众呈现了Westwood从朋克时代到高级时装设计师的转变，以及她在环保和社会议题上的持续努力。这场展览在中国引起了广泛关注，不仅提高了品牌在亚洲市场的知名度，也向中国消费者传达了Westwood品牌的核心理念（图22-20）。

2019年，Westwood在伦敦时装周上举办了一场别具一格的反消费主义主题时装秀。这场秀不仅展示了新的服装设计，更重要的是传达了Westwood对过度消费的批评。模特们在T台上朗诵反对过度消费的宣言，服装设计也融入了环保元素。这场秀引发了时尚界对可持续发展的深入讨论，再次证明了Westwood在将时尚与社会议题结合方面的先锋地位（图22-21）。

2020年，面对全球新冠疫情的挑战，

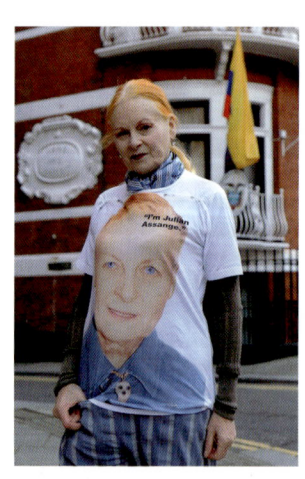

图22-17 为维基解密创始人朱利安·阿桑奇设计特别的T恤

图22-18 参与环保和政治活动

图22-19 丈夫Andreas Kronthaler

图22-20 "Get a Life"的大型回顾展宣传海报

图22-21 反消费主义设计

Vivienne Westwood品牌迅速调整了经营策略。一方面，品牌加强了线上销售和数字营销，以适应消费者行为的变化。另一方面，Westwood推出了以"拯救地球"为主题的新系列，呼吁在后疫情时代更加关注环境问题。这个系列不仅使用了环保材料，还通过设计传达了环保信息。这一举措展示了Westwood品牌在危机中保持初心，继续推动可持续时尚发展的决心（图22-22）。

图22-22 线上销售和数字营销

23. 亚历山大·麦昆（Alexander McQueen）品牌介绍

品牌创立期（1992-2000）

1969年3月17日，李·亚历山大·麦昆（Lee Alexander McQueen）出生于伦敦东区的一个工人家庭。他的父亲是一名出租车司机，母亲是社会历史学家。尽管家境并不富裕，但李·亚历山大·麦昆自小就展现出对时尚设计的浓厚兴趣。受母亲热爱历史的影响，年幼的李·亚历山大·麦昆沉浸在大量历史书籍中，

图 23-1 李·亚历山大·麦昆

图 23-2 早期设计

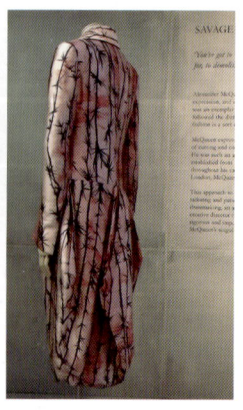
图 23-3 Jack the Ripper Stalks His Victims

这为他日后在时尚设计中经常使用历史元素提供了丰富的灵感源泉（图23-1）。

1985年左右，16岁的李·亚历山大·麦昆进入伦敦著名的萨维尔街（Savile Row），在经典西装定制店Anderson & Sheppard学习剪裁工艺。这段工作经历极大地提升了他的技术水平，为他在裁剪技术上奠定了坚实的基础。在此期间，他还为一些名人制作西装，其中包括查尔斯王子。此后，李·亚历山大·麦昆又在Gieves & Hawkes和Angels & Bermans等公司工作，进一步积累了舞台服装的设计经验。这些早期的经历为他的设计风格提供了丰富的灵感来源，尤其是在裁剪工艺和戏剧性表现力方面（图23-2）。

1990年前后，李·亚历山大·麦昆进入伦敦中央圣马丁艺术与设计学院就读。在学习期间，他创作了极具影响力的毕业作品Jack the Ripper Stalks His Victims（开膛手杰克跟踪他的受害者）。该作品充满了黑暗、叛逆和历史叙事的元素，展示了他非凡的创意和对时尚前卫风格的探索。这一系列作品不仅吸引了时尚界的关注，更引起了知名时尚编辑Isabella Blow的极大兴趣。Blow不仅购买了李·亚历山大·麦昆的整个毕业系列，还成为他的导师和长期支持者，帮助他打开了通往时尚界的大门（图23-3、图23-4）。

1992年，李·亚历山大·麦昆在时尚界崭露头角后，迅速创立了自己的品牌Alexander McQueen。同年，他在伦敦时装周上展示了第一个商业系列。他的设计以挑战传统、打破常规的风格著称，迅速在时尚界引起轰动。

1994年，Alexander McQueen推出了著名的Bumsters系列。这一系列裤装设计的腰线极低，几乎到了骨盆的部位，引发了时尚界的巨大争议。然而，这种设计也开创了低腰裤的潮流，

图 23-4 Jack the Ripper Stalks His Victims

影响深远，改变了之后几十年裤装的剪裁方式。李·亚历山大·麦昆的大胆创新和独特视角使他迅速成为时尚界的新星，为他日后的辉煌事业奠定了基础（图23-5）。

1996年，李·亚历山大·麦昆的才华得到了更广泛的认可。法国高级时装品牌Givenchy任命他为首席设计师，这标志着李·亚历山大·麦昆在国际时尚界地位的显著提升。尽管他在Givenchy的任期充满争议，但这段经历无疑拓宽了他的视野，为他提供了更多资源和机会来实现他大胆的创意构想（图23-6）。

图23-5　Bumsters系列　　图23-6　Givenchy设计

同年，李·亚历山大·麦昆的设计开始受到音乐界的青睐。英国摇滚巨星David Bowie穿着李·亚历山大·麦昆设计的英国国旗外套登上了专辑封面。这件外套巧妙地将英国国旗元素与前卫时尚相结合，表现了李·亚历山大·麦昆对传统符号的创新诠释，也彰显了他作为设计师的多元影响力（图23-7）。

图23-7　David Bowie穿着李·亚历山大·麦昆设计的英国国旗外套

1999年春夏季，李·亚历山大·麦昆举办了名为No.13的时装秀，这场秀在时尚史上留下了浓墨重彩的一笔。秀场上，模特Shalom Harlow身着白色连衣裙站在旋转舞台上，两台工业机器人向她喷射彩色颜料，创造出一幅动态的艺术画作。这一场景不仅震撼了现场观众，更成为时尚界经常被提及的经典时刻。这场秀完美展现了李·亚历山大·麦昆将科技、艺术与时尚融合的独特视角，也预示了未来时装秀越来越注重视觉冲击和表演性的趋势（图23-8）。

图23-8　"No.13"时装秀

2000年，意大利奢侈品集团Gucci收购了Alexander McQueen品牌51%的股份。这次收购为Alexander McQueen品牌注入了强大的资金支持和管理经验，使其有能力进一步扩大业务规模，同时保持创意自由。这次合作也标志着Alexander McQueen品牌从一个英国新锐设计师品牌，正式跻身国际奢侈品行列（图23-9）。

图23-9　时尚秀

图23-10 以精神病院为主题的VOSS时装秀

图23-11 骷髅图案围巾

图23-12 Widows of Culloden时装秀

品牌发展期（2000–2010）

2001年春夏季，Alexander McQueen再次突破常规，举办了以精神病院为主题的VOSS时装秀。这场秀的舞台设计成一个巨大的玻璃立方体，模仿精神病院的观察室，模特们穿着极具挑战性的服装，在"玻璃牢笼"中展示设计。秀场中央放置的大箱子在秀末打开，里面是一位裸体模特，头部被面具遮盖，身上爬满了飞蛾。这场充满戏剧性和哲学思考的秀震惊了时尚界，引发了关于美、疯狂和社会规范的深度讨论。VOSS时装秀不仅展示了Alexander McQueen卓越的设计才华，更凸显了他将时装秀作为艺术表达和社会评论媒介的独特能力（图23-10）。

2003年，Alexander McQueen推出了品牌最具标志性的配饰之一——骷髅图案围巾。这款围巾迅速成为品牌的代表作，完美体现了Alexander McQueen对生死主题的持续探索，也成为朋克风格的代表。围巾由轻薄的丝绸制成，印有大型骷髅图案，常常搭配其他哥特元素如玫瑰或蝴蝶。这一设计不仅展现了Alexander McQueen对黑暗美学的独特诠释，也为品牌注入了鲜明的个性特征（图23-11）。

2006年秋冬季，Alexander McQueen举办了名为Widows of Culloden的时装秀，再次展现了他对创新技术的热爱。在这场秀的结尾，Alexander McQueen运用全息技术将超模Kate Moss的虚拟影像投射到舞台上，创造了一个虚幻而美丽的场景。这种前所未有的展示方式不仅震撼了现场观众，也开创了时装秀的新形式，展示了时尚与科技融合的无限可能性（图23-12）。

2008年春夏季，李·亚历山大·麦昆推出了名为La Dame Bleue的系列，这是对他已故好友兼导师Isabella Blow的深情致敬。Blow作为李·亚历山大·麦昆早期最重要的支持者，对他的职业生涯产生了深远的影响。这个系列融合了Blow的个人风格元素和李·亚历山大·麦昆的创新设计，展现了设计师对友谊的珍视，也反映了时尚界内部深厚的人际联系（图23-13、图23-14）。

2010年春夏季，李·亚历山大·麦昆举办了他生前的最后一场时装秀Plato's Atlantis，这场秀在多个方面都具有里程碑意义。首先，它是第一个在网上进行全球直播的时装秀，开创了时尚界与数字技术结合的先河。其次，标志性的Armadillo靴在这场秀中首次亮相，其独特的外形如同外星生物，完美体现了李·亚历山大·麦昆对极端和非传统美学的追求。这款鞋底高达30厘米的靴子立即引起了轰动，虽然不适合日常穿着，但它成为品牌挑战传统、推动界限的象征（图23-15）。

值得一提的是，流行音乐巨星Lady Gaga在其热门单曲Bad Romance的音乐视频中穿着Armadillo靴，进一步提升了这款鞋履的知名度和文化影

图23-13　La Dame Bleue系列

图23-14　李·亚历山大·麦昆&Isabella Blow　　图23-15　Plato's Atlantis时装秀

响力。这一事件不仅展示了Alexander McQueen品牌在流行文化中的重要地位，也体现了时尚与音乐产业之间的密切联系。Lady Gaga对Alexander McQueen设计的青睐，为品牌赢得了更广泛的关注和认可，同时也彰显了Alexander McQueen设计的前卫性和艺术价值（图23-16）。

品牌现阶段（2010至今）

2010年2月11日，时尚界迎来了一个悲伤的日子。Alexander McQueen品牌的创始人李·亚历山大·麦昆在伦敦的家中自杀身亡，年仅40岁。李·亚历山大·麦昆的去世震惊了整个时尚界，许多业内人士和粉丝对他的早逝表示深切哀悼。李·亚历山大·麦昆的逝世不仅标志着一个时代的结束，也为品牌的未来带来了不确定性。

然而，Alexander McQueen品牌并未因创始人的离世而停滞。品牌迅速宣布，李·亚历山大·麦昆的长期助手莎拉·伯顿（Sarah Burton）将接任创意总监一职。莎拉·伯顿自1997年加入品牌以来，一直与李·亚历山大·麦昆密切合作，深谙品牌的设计理念和美学风格。她的任命既保证了品牌风格的延续性，又为品牌注入了新的活力（图23-17）。

2011年，莎拉·伯顿迎来了她作为Alexander McQueen创意总监的第一个重大挑战和机遇。她被选中为英国王室成员凯特·米德尔顿设计婚纱。这件婚纱不仅成为全球瞩目的焦点，也展示了莎拉·伯顿对传统工艺的尊重和创新精神。婚纱融合了经典优雅与现代设计，完美诠释了Alexander McQueen品牌的精髓，同时也体现了莎拉·伯顿个人对女性柔美的理解。这次合作将Alexander McQueen品牌推向了更广泛的大众视野，大大提升了品牌的知名度和影

图23-16　Lady Gaga穿着Armadillo靴

图23-17　莎拉·伯顿

图23-18　凯特王妃的婚纱

响力（图23-18）。

同年，为纪念Alexander McQueen的卓越贡献，纽约大都会艺术博物馆举办了名为Savage Beauty的回顾展。这场展览全面展示了李·亚历山大·麦昆的设计生涯，包括他早期的作品、在Givenchy的设计，以及他自己品牌的标志性作品。展览不仅回顾了李·亚历山大·麦昆的设计历程，也深入探讨了他对时尚、艺术和文化的独特见解。Savage Beauty展览成为大都会艺术博物馆历史上最受欢迎的时尚展览之一，吸引了来自全球的大量观众，进一步巩固了Alexander McQueen在时尚史上的重要地位（图23-19）。

2013年春夏季，莎拉·伯顿为Alexander McQueen品牌推出了一个以自然与生命为主题的系列。这个系列展示了她对Alexander McQueen遗产的理解和自身设计理念的融合。莎拉·伯顿采用了大量的花卉图案和细腻的刺绣，每一件作品都充满了生命的活力。她将对自然的热爱与时尚设计巧妙结合，创造出令人惊叹的视觉效果。这个系列不仅展现了莎拉·伯顿在设计上的才华，也反映了她对Alexander McQueen品牌未来发展方向的思考。通过这个系列，莎拉·伯顿成功地在保持品牌原有风格的基础上，注入了更多柔和、女性化的元素，为品牌开辟了新的发展道路（图23-20）。

2015年，Alexander McQueen品牌迈出了多元化发展的重要一步，推出了其首个香水系列。这一举措不仅拓展了品牌的产品线，也为消费者提供了一种新的方式来体验Alexander McQueen的独特美学。香水系列的推出反映了品牌在保持其高级时装地位的同时，也在积极开拓更广泛的奢侈品市场。这一策略有助于提升品牌的整体价值和知名度，同时为未来的业务增长奠定基础（图23-21）。

2016年，Alexander McQueen品牌顺应时代潮流，开始尝试"即看即买"（See Now, Buy Now）模式。这一创新的销售策略允许消费者在时装秀结束后立即购买部分展示的单品，而不是传统上等待几个月后的季节性上市。这一举措反映了品牌对快速变化的消费者需求和数字化时代的敏锐洞察。通过缩短从秀场到商店的时间，Alexander McQueen不仅提高了品牌的即时性和相关性，也为提升销售额和客户满意度创造了新的机会。

2018年，Alexander McQueen品牌做出了一个具有里程碑意义的决定，宣布停止使用真皮草。这一举措响应了全球范围内日益增长的

图23-19　Savage Beauty回顾展

图23-20　自然与生命主题系列　　图23-21　香水系列

对动物权益和环境保护的关注。通过这一决定，Alexander McQueen不仅展示了品牌对可持续时尚的承诺，也反映了奢侈品行业正在经历的重大转变。这一举措不仅赢得了环保组织和消费者的赞赏，也为品牌在新一代消费者中建立了更加正面的形象。同时，这也推动了品牌在材料创新和替代品开发方面的投入，为未来的可持续发展奠定了基础。

2020年，面对全球新冠疫情的挑战，Alexander McQueen品牌展现了其适应能力和创新精神。品牌首次尝试数字时装秀的形式，推出了名为First Light的系列。这一举措不仅体现了品牌对科技的拥抱，也展示了其在特殊时期保持与消费者联系的决心。同年的秋冬系列中，大量使用再生材料和环保面料，品牌进一步推进了可持续时尚的理念。这一举措不仅响应了全球对环保的关注，也展现了品牌在时尚与环保之间寻求平衡的努力（图23-22）。

2021年，Alexander McQueen品牌在可持续发展方面又迈出了重要一步。品牌推出了一款使用可降解材料制成的运动鞋。这款鞋子的推出不仅展示了品牌在材料创新方面的探索，也反映了奢侈品牌对环保责任的重视。通过这种方式，Alexander McQueen不仅保持了其在设计上的前卫性，也在可持续时尚的实践中扮演了领导者的角色（图23-23）。

2022年，莎拉·伯顿的贡献得到了英国王室的认可，她获得了大英帝国勋章（OBE），这是对她在英国时尚业做出的卓越贡献的肯定。这一荣誉不仅是对莎拉·伯顿个人成就的认可，也体现了Alexander McQueen品牌在英国乃至全球时尚界的重要地位。莎拉·伯顿自2010年接任创意总监以来，成功地在保持品牌原有风格的同时，注入了更多现代元素，使品牌在新时代继续保持其影响力（图23-24）。

2023年，Alexander McQueen品牌宣布了一个重要决定：在纽约举办2024早春系列时装秀。这是品牌首次选择在纽约这一全球时尚中心举办时装秀，标志着品牌战略的重要转变。这一决定不仅体现了品牌对美国市场的重视，也显示了其扩大全球影响力的愿望。通过在纽约举办时装秀，Alexander McQueen有望吸引更多国际关注，进一步巩固其在全球奢侈品市场的地位（图23-25）。

图23-22　First Light系列

图23-23　可降解材料制成的运动鞋

图23-24　获得大英帝国勋章（OBE）

图23-25　2024早春系列时装秀

纽约

24. 拉夫·劳伦（Ralph Lauren）品牌介绍

品牌创立期（1967-1981）

图24-1 拉夫·劳伦

拉夫·劳伦（Ralph Lauren，原名Ralph Lifshitz）于1939年10月14日出生于纽约布朗克斯的一个犹太移民家庭。他的父亲是一名船员，母亲则以裁缝为生，家庭条件并不富裕。从小在母亲的影响下，拉夫·劳伦对缝制衣物产生了浓厚的兴趣，并在母亲的指导下学习了基本的缝纫技能（图24-1）。

16岁时，拉夫·劳伦开始在时尚专业领域中学习，并尝试从事许多相关工作。从导购员开始，他先后担任过时尚买手、百货公司的代表等职位，曾在纽约、波士顿的多家知名百货公司工作，包括Alexander、Allied、Bloomingdale's、Brooks Brothers和Rivetz。这段经历为他日后的设计生涯奠定了坚实的基础。

此外，拉夫·劳伦还在纽约市立大学商学院学习晚间课程，为未来的事业发展做好准备。

1967年，拉夫·劳伦为Beau Brummel公司设计了他的第一个手工制作的专业领带系列。他发明了一种不同于传统领带的宽领带风格，称之为Polo。这个系列取得了巨大成功，为他的设计事业开启了新的篇章。受到这次成功的鼓舞，一年后，拉夫·劳伦成立了他的独立品牌Polo by Ralph Lauren，主攻定制男装市场（图24-2）。

图24-2 第一个手工制作的专业领带系列

品牌鉴赏　143

图24-3　首个女装系列

图24-4　标志性的Polo衫

图24-5　Gatsby戏服

图24-6　为女主角Diane Keaton设计了具有男装风格的戏服

1971年，品牌推出首个女装系列，同时最广为人知的Logo——马球运动员的形象首次出现在品牌针织衫上。这个标志性的Logo不仅成为品牌的视觉象征，也代表了拉夫·劳伦所追求的优雅、运动和品质的生活方式。同年，品牌在比佛利山庄开设了第一家精品店，并进驻纽约Bloomingdale's百货，标志着拉夫·劳伦品牌正式进入高端零售市场（图24-3）。

1972年，拉夫·劳伦推出了标志性的Polo衫，这款设计迅速获得了市场的青睐。Polo衫不仅成为品牌的代表作，也逐渐演变为一种代表美国梦的象征，吸引了各个阶层的消费者。这款Polo衫凭借其简洁的设计和高品质面料，迅速成为美国休闲风格的经典代表，并在全球时尚界占据了重要位置（图24-4）。

1973年，拉夫·劳伦的设计才华得到了电影界的认可。他为电影《伟大的盖茨比》中Robert Redford扮演的Gatsby设计了戏服，为主角定制了一套粉色西装。这一举动不仅展示了拉夫·劳伦对20世纪20年代风格的精准把握，也进一步巩固了他在时尚界的地位，为品牌赢得了更广泛的关注和赞誉（图24-5）。

1977年，拉夫·劳伦再次在电影界展现了他的设计才华。他为导演Woody Allen的电影《安妮·霍尔》中的女主角Diane Keaton设计了具有男装风格的戏服：夹克配上软呢花纹的长裤，衬衣搭配宽领带，男士西装背心，头戴一顶毡帽。这种独特的组合形成了一种强烈对比却又十分感性的风格。随着电影的播出，这种具有强烈男性风格的时装迅速走红，成为一股新的潮流，影响了整个时尚界（图24-6）。

1978年，拉夫·劳伦品牌首次推出香氛系列。这一举措不仅扩大了品牌的产品线，也将拉夫·劳伦的设计理念延伸到了个人护理领域，为消费者提供了更全面的生活方式体验（图24-7）。

1981年，拉夫·劳伦在伦敦开设了第一家门店，这标志着品牌开始了国际化扩张的重要一步。当时，拉夫·劳伦品牌已经在全球范围内拥有约100家门店。这家伦敦店的开设不仅展示了品牌在欧洲市场的影响力，也为拉夫·劳伦进一步拓展国际市场奠定了基础，使其成为真正的全球性品牌（图24-8）。

品牌发展期（1982-2015）

1983年，拉夫·劳伦品牌迈出了一个重要的步伐，推出了家居系列。这一举措不仅扩大了品牌的产品线，还将拉夫·劳伦独特的设计理念带入了人们的生活空间。家居系列包括床上用品、家具和家居装饰品，体现了拉夫·劳伦对生活品质的追求和对美式优雅的诠释。这一系列的推出标志着品牌从单纯的服装设计向全方位生活方式品牌的转变（图24-9）。

1986年，拉夫·劳伦在纽约麦迪逊大街上开设了品牌的第一家showroom。这家showroom位于前莱茵兰德豪宅内，成为展示拉夫·劳伦对时尚和生活独特理念的完美平台。它不仅为消费者提供了经典优雅风格和高品质的产品，还成为品牌形象的重要载体。这家showroom的开设标志着拉夫·劳伦在零售领域的进一步扩张，也强化了品牌在高端市场的地位（图24-10）。

图24-7　Ralph Lauren品牌首次推出香氛系列

图24-8　Ralph Lauren在伦敦开设了第一家门店

图24-9　家居系列

图24-10　纽约麦迪逊大街上开设的第一家showroom

图24-11 限量版泰迪熊　　图24-12 Polo Sport运动系列

1991年，款限量版泰迪熊成为PoLo系列的标志性代表，出现在各种服装和配饰上（图24-11）。

1992年，为了满足消费者对运动休闲服装的需求，拉夫·劳伦推出了Polo Sport运动系列。这个系列将运动元素更深入地融入品牌设计中，体现了拉夫·劳伦对时尚与功能性结合的追求。Polo Sport系列的推出不仅丰富了品牌的产品线，还吸引了更多年轻和运动爱好者群体，进一步扩大了品牌的受众范围（图24-12）。

1993年，拉夫·劳伦将自己对狂野西部生活的热爱转化为一个新的高端复古品牌——Double RL，简称"RRL"。这个品牌融合了美国西部风格和复古元素，以其独特的设计和高品质赢得了众多粉丝，其中包括好莱坞明星Johnny Depp。RRL的推出展示了拉夫·劳伦在品牌多元化方面的战略眼光，同时也反映了品牌对美国传统文化的致敬（图24-13）。

1995年，拉夫·劳伦推出了紫标系列（Purple Label），这是品牌向更高端市场迈进的重要一步。紫标系列以其精湛的工艺、高品质的面料和精致的细节著称，代表了拉夫·劳伦在男装定制领域的最高水平。这个系列的推出不仅提升了品牌的奢侈品定位，还进一步巩固了拉夫·劳伦在高端时尚界的地位。紫标系列的成功证明了品牌在保持传统优雅风格的同时，也能不断创新和提升产品品质（图24-14）。

图24-13 高端复古品牌Double RL　　图24-14 紫标系列（Purple Label）

1996年，拉夫·劳伦品牌推出了Lauren Ralph Lauren系列。这个系列的推出标志着品牌开始向更广泛的消费群体拓展。Lauren Ralph Lauren系列以相对亲民的价格提供了拉夫·劳伦经典的美式风格，使得更多消费者能够体验到品牌的设计理念。这一策略不仅扩大了品牌的市场份额，也为拉夫·劳伦在大众市场中建立了更强的品牌认知度（图24-15）。

2005年，受橄榄球运动启发，拉夫·劳伦推出了Rugby橄榄球系列。这条服装线主要针对16至25岁的青少年群体，融合了运动元素和时尚设计。Rugby系列的推出展现了拉夫·劳伦品牌对年轻市场的重视，以及其在保持传统优雅风格的同时，不断创新和适应新兴消费群体需求的能力。然而，值得注意的是，这个系列最终于2012年停产，反映了品牌在市场策略上的调整（图24-16）。

2009年，拉夫·劳伦推出了更加高端的黑标系列，进一步提升了品牌的奢侈品定位。黑标系列以其精湛的工艺、高品质的面料和现代化的设计而著称，代表了拉夫·劳伦在高端时尚领域的最高水平。这个系列的推出不仅巩固了品牌在奢侈品市场的地位，也展示了拉夫·劳伦在不同价位区间的产品线布局策略（图24-17）。

2010年，拉夫·劳伦女装系列正式推出手袋和配饰系列，这标志着品牌开始全面进军配饰市场。通过拓展产品线，拉夫·劳伦不仅丰富了品牌的产品组合，也为消费者提供了更全面的时尚选择。这一举措反映了品牌对于全方位时尚生活方式的追求，同时也增加了品牌的收入来源（图24-18）。

2015年末，拉夫·劳伦做出了一个重要的管理决策，他正式卸任了CEO职务，但继续担任公司的执行董事长和创意总监。这一

图 24-15　Lauren Ralph Lauren系列

图 24-16　Rugby橄榄球系列

图 24-17　黑标系列

图 24-18　Ralph Lauren女装系列正式推出手袋和配饰系列

变动标志着拉夫·劳伦品牌进入了新的发展阶段。通过保留创意控制权,拉夫·劳伦确保了品牌设计理念的连续性,同时引入专业管理人才来优化公司的运营。这种管理架构的调整反映了拉夫·劳伦对品牌长期发展的战略考虑,旨在保持品牌的创意活力,同时提升企业的管理效率(图24-19)。

图24-19　Ralph Lauren正式卸任CEO职务

品牌现阶段(2015至今)

2017年,拉夫·劳伦标志性的Polo衫在现代艺术博物馆(MoMA)展览中亮相,并被纳入永久收藏,彰显了其文化影响力和设计创新。同年,拉夫·劳伦为美国队设计了一款专属派克大衣,采用了先进的加热系统,展现了该品牌对运动服创新的承诺(图24-20)。

图24-20　Ralph Lauren标志性的Polo衫被纳入永久收藏

2018年,拉夫·劳伦举办了一场盛大的纪念活动庆祝其品牌成立50周年,地点设在纽约中央公园的贝塞斯达露台。这场活动不仅是对品牌历史的回顾,也是对未来的展望,吸引了600多位名人和时尚界人士参与,彰显了拉夫·劳伦在当代文化中的持久影响力(图24-21、图24-22)。

2019年,拉夫·劳伦的秋冬大秀再次引起了时尚界的广泛关注。在这场备受瞩目的秀场上,女模特们身着燕尾服出场,展现了一种独特的优雅权力宣言。这一大胆的设计不仅挑战了传统的性别服装界限,也彰显了拉夫·劳伦对于现代女性力量的赞颂。这场秀不仅是一次时装展示,更是一次文化宣言,体现了拉夫·劳伦品牌在社会变革中的前瞻性和影响力(图24-23)。

图24-21　Ralph Lauren庆祝其品牌成立50周年

2021年,尽管全球疫情对时尚产业造成了巨大冲击,拉夫·劳伦品牌依然展现出了强劲的韧性和适应能力。在2021财年的第三季度,品牌收入达到了14亿美元,这一成绩在当时的经济环境下显得尤为可贵。特别值得注意的是,拉夫·劳伦在中国市场实现了40%的增长,充分展示了品牌在亚洲市场的巨大潜力和发展前景。这一成绩不仅反映了品牌的国际影响力,也凸显了其在快速变化的全球市场中的适应能力。

2022年,拉夫·劳伦继续保持其在奢侈品市场的领先地位,并通过一系列创新举措进一步巩固了品牌形象。其

图24-22　参加纪念活动的名人

图24-23 2019年Ralph Lauren的秋冬大秀

图24-24 2022年首次在西海岸举办时装秀

图24-25 2022年Ralph Lauren的秋冬系列大秀

中最引人注目的是品牌历史上首次在西海岸举办的时装秀。这场在洛杉矶举行的秀不仅打破了品牌一贯以纽约为中心的传统，也象征着拉夫·劳伦正在积极拓展新的市场和受众群体。这次秀吸引了包括Jennifer Lopez和Diane Keaton在内的众多好莱坞明星，进一步提升了品牌的曝光度和影响力（图24-24）。

同年，拉夫·劳伦的秋冬系列大秀选择在纽约现代艺术博物馆举行，这一选择本身就是对艺术与时尚融合的完美诠释。秀场以黑白色调为主，巧妙融合了细条纹、千鸟格等经典元素，再次展现了拉夫·劳伦标志性的美式优雅。这场秀不仅是对品牌传统的致敬，也是对当代时尚的创新演绎，充分体现了拉夫·劳伦在保持品牌核心价值的同时，不断推陈出新的能力（图24-25）。

此外，拉夫·劳伦在2022年还加强了数字营销策略和社交媒体存在感。品牌积极拥抱数字化转型，通过各种创新的线上营销活动和社交媒体互动，成功吸引了更多年轻消费者的关注。这一举措不仅有助于品牌形象的年轻化，也为拉夫·劳伦在数字时代保持竞争力奠定了基础。

25. 迈克·高仕（Michael Kors）品牌介绍

品牌创立期（1981-1999）

迈克·高仕（Michael Kors）于1959年出生在美国纽约长岛。他从小就展现出对时尚的浓厚兴趣，这很大程度上得益于他母亲的影响，她母亲曾是一名模特。在迈克·高仕仅5岁时，他就为母亲的婚礼设计了婚纱，这可以被视为他设计生涯的起点，也预示了他未来在时尚界的才能（图25-1）。

图25-1 迈克·高仕仅5岁时就为母亲的婚礼设计了婚纱

1977年，18岁的迈克·高仕进入纽约时装技术学院（FIT）学习，开始了他正式的时尚教育。然而，他的学习生涯并不长久。仅仅九个月后，迈克·高仕做出了一个大胆的决定：退学，直接投身时尚行业。这一决定虽然冒险，但为他日后的成功奠定了基础。

退学后，迈克·高仕在纽约的Lothar's精品店担任销售助理。在这个过程中，他不仅积累了宝贵的时尚行业经验和人脉，还开始为精品店设计服装系列，逐步引起业内的关注。这段经历为他日后创立自己的品牌提供了重要的实践基础（图25-2）。

1981年，22岁的迈克·高仕迎来了他职业生涯的重要转折点。他正式创立了同名品牌迈克·高仕，并推出了第一个女装系列。这个系列以奢华的运动风格和精致的结构设计为特征，迅速赢得了时尚界的青睐。纽约的高端百货公司Bergdorf Goodman和Saks Fifth Avenue纷纷购买他的设计，这为品牌的成功奠定了坚实的基础（图25-3、图25-4）。

在品牌创立的初期，迈克·高仕专注于女装设计，并通过简洁优雅的设计风格迅速获得了市场的认可。到了1990年，为了扩大品牌的影响力和市场份额，迈克·高仕推出了副线KORS Michael Kors。这个副线以更为亲民的价格定位，让更多消费者能够体验到迈克·高仕品牌的奢华生活方式，标志着品牌开始向更广阔的市场扩张（图25-5）。

1999年，迈克·高仕做出了一个具有战略意义的决策，将公司部分股份出售给法国奢侈品集团LVMH。这一举措为品牌注入了新的资源和动力，为其后续的国际化扩张奠定了基础。紧随其后，迈克·高仕在2000年推出了品牌的首款香水，标志着品牌开始向多元化发展（图25-6、图25-7）。

品牌发展期（2000-2016）

2002年是迈克·高仕品牌发展史上的重要一年。品牌在纽约Soho区和日本东京开设了精品店，这不仅扩大了品牌的零售网络，也标志着其国际化战略的正式启动。同年，迈克·高仕被美国时装设计师协会（CFDA）评为年度最佳女装设计师，这一殊荣不仅是对其设计才能

图25-2　迈克·高仕在纽约的Lothar's精品店担任销售助理

图25-3　正式创立了同名品牌Michael Kors

图25-4　推出了第一个女装系列

图25-5 迈克·高仕推出了副线KORS Michael Kors

图25-6 1999年迈克·高仕将公司部分股份出售给法国奢侈品集团LVMH

图25-7 迈克·高仕在2000年推出了品牌的首款香水

的肯定，也进一步提升了品牌在时尚界的地位和影响力（图25-8）。

2003年，品牌迎来了另一个重要转折点。企业家Silas Chou和Lawrence Stroll通过他们的公司Sportswear Holdings Limited收购了迈克·高仕公司85%的股份。这次收购为品牌注入了新的活力和资源，为其后续的快速发展和全球扩张提供了强有力的支持。

图25-8 品牌在纽约Soho区和日本东京开设了精品店

2004年，迈克·高仕开始担任真人秀节目Project Runway的评委。这一角色不仅提高了他的个人知名度，也让更多人了解到他对时尚的独特见解。他在节目中直言不讳、犀利幽默的点评风格赢得了大量粉丝，进一步巩固了他在时尚界的影响力（图25-9）。

图25-9 迈克·高仕开始担任真人秀节目Project Runway评委

值得一提的是，迈克·高仕品牌逐渐受到众多好莱坞明星的青睐。其中，国际影星安吉丽娜·朱莉多次在公开场合佩戴或使用迈克·高仕的产品，这不仅提升了品牌的知名度，也彰显了其在国际时尚界的重要地位。这种明星效应持续至今，成为品牌营销策略的重要组成部分（图25-10）。

米歇尔·奥巴马作为美国第一夫人期间，多次在重要场合选择穿着迈克·高仕的设计，这不仅提升了品牌的知名度，也彰显了其在美

图25-10 国际影星安吉丽娜·朱莉多次在公开场合佩戴或使用迈克·高仕的产品

图 25-11　米歇尔·奥巴马身着迈克·高仕的亮片长裙搭配 Peter Soronen 的腰封

图 25-12　品牌在巴黎开设了旗舰店

国时尚界的重要地位。例如，2010 年 3 月，米歇尔·奥巴马身着迈克·高仕的亮片长裙搭配 Peter Soronen 的腰封出席白宫晚宴，展现了简约而华丽的时尚风格。这种选择不仅体现了她对美国设计师的支持，也展示了她独特的时尚品味和对场合的精准把握（图 25-11）。

2011 年，迈克·高仕品牌迎来了三十周年庆典。作为庆祝活动的一部分，品牌在巴黎开设了旗舰店。这一举措不仅标志着品牌在欧洲市场的进一步扩展，也体现了其在国际时尚舞台上的重要地位。巴黎作为世界时尚之都，迈克·高仕在此开设旗舰店具有重要的象征意义，展示了品牌的全球化战略和对高端市场的进一步渗透（图 25-12）。

英国凯特王妃自 2011 年成为王室成员以来，也多次选择迈克·高仕的服饰出席公开场合。例如，2016 年，凯特王妃身着迈克·高仕的蓝色外套参加伊拉克和阿富汗战争纪念碑揭幕仪式，搭配礼帽更添正式感。凯特王妃对迈克·高仕的青睐不仅提升了品牌在英国的知名度，也彰显了品牌设计的国际化和高贵气质（图 25-13）。

2013 年，迈克·高仕品牌展现了其社会责任感，与联合国粮食计划署（WFP）合作，推出了一系列限量版手表。这些手表的所有收益都捐赠给 WFP，用于消除全球饥饿。这一举措不仅彰显了品牌的社会责任感，也展示了其在公益领域的承诺，为品牌赢得了更多消费者的认可和尊重（图 25-14）。

图 25-13　凯特王妃对 Michael Kors 青睐有加

图 25-14　限量版手表

品牌现阶段（2017至今）

2017年7月，迈克·高仕品牌迎来了一个重要的战略转折点。公司以11.7亿美元的价格收购了奢侈鞋履品牌周仰杰（Jimmy Choo）。这次收购标志着迈克·高仕从单一品牌向多品牌奢侈品集团的转型，显著扩大了其在全球奢侈品市场的影响力和产品线（图25-15）。

紧随其后，2018年，迈克·高仕再次展现了其雄心壮志，以21亿美元收购了意大利奢侈品牌范思哲（Versace）。这一大手笔收购不仅进一步巩固了迈克·高仕在全球奢侈品市场中的地位，也奠定了其作为奢侈品集团的基础。随后，公司更名为Capri Holdings，标志着品牌战略的重大调整。同年，迈克·高仕的春夏系列时装秀以热带海滩为主题，展现了品牌对休闲奢华风格的独特诠释，进一步彰显了其在时尚界的创新精神（图25-16）。

2020年，面对全球新冠疫情带来的挑战，迈克·高仕品牌展现出了强大的适应力和创新精神。公司迅速调整策略，加强了线上销售和数字营销的力度。通过与消费者建立更紧密的线上联系，品牌不仅成功应对了疫情带来的冲击，还在这一艰难时期实现了持续增长。

2021年，响应全球对可持续时尚日益增长的需求，迈克·高仕推出了一项全面的可持续发展计划。品牌承诺在未来的产品中使用更多的环保材料，并致力于减少其碳排放。这一举措不仅展现了品牌的社会责任感，也积极参与到推动时尚行业向可持续未来转型的行动中（图25-17）。

2024年，迈克·高仕再次展现了其在科技应用方面的前瞻性，成为首个推出AI购物助手"Shopping Muse"的零售商。这一创新不仅大幅提升了消费者的购物体验，也为品牌开辟了新的增长点。通过结合人工智能技术与时尚专业知识，迈克·高仕再次证明了其在数字化时代保持领先地位的能力（图25-18）。

图25-17　Michael Kors推出了一项全面的可持续发展计划

图25-15　公司以11.7亿美元的价格收购了奢侈鞋履品牌Jimmy Choo

图25-16　Michael Kors的春夏系列时装秀

图25-18　首个推出AI购物助手"Shopping Muse"的零售商

这一系列战略举措和创新行动,充分展示了迈克·高仕品牌在面对市场变化和全球挑战时的适应能力和前瞻性思维。从多品牌战略到数字化转型,再到可持续发展,迈克·高仕不断提升其品牌定位和业务模式,以满足现代消费者的多元化需求,同时也为时尚行业的未来发展树立了新的标杆。

26. 卡尔文·克雷恩(Calvin Klein)品牌介绍

品牌创立期(1968—20世纪80年代初)

1942年11月19日,卡尔文·克雷恩(Calvin Klein)出生于纽约布朗克斯的一个普通犹太移民家庭。卡尔文·克雷恩从小就展现出对时尚的浓厚兴趣,常在数学课本的空白处画满模特稿图,放学后练习缝纫技艺。尽管父母并不支持,他仍坚持梦想,最终成功考取纽约时装技术学院(FIT)(图26-1)。

1968年,26岁的卡尔文·克雷恩决定开创自己的品牌。他与童年好友携手,仅用1万美元的启动资金,在纽约市的约克酒店开设了第一家外套精品店。以Calvin Klein为品牌的首季系列以年轻化和简约的设计为特点,迅速引起了业界的关注(图26-2)。

品牌创立的第一年,卡尔文·克雷恩就展现出了惊人的才华和商业嗅觉。1969年9月,Calvin Klein品牌登上了Vogue杂志的封面,这对于刚成立不到一年的品牌来说,无疑是一个巨大的成功(图26-3)。

1973年,卡尔文·克雷恩推出完整的女性休闲服系列产品,并荣获Coty American时尚评论家大赏(图26-4)。

其后,Calvin Klein以经典的男士夹克为基础,打造了PerCoat大衣,为未来很长一段时间的时尚潮流定下了基调。今天,这种款式被我

图26-1 卡尔文·克雷恩

图26-2 在纽约市的约克酒店开设了第一家外套精品店

图26-3 Calvin Klein品牌登上了Vogue杂志的封面

图26-4 1973年，Calvin Klein推出完整的女性休闲服系列产品

图26-5 豌豆夹克——一种永不过时的双排扣短款外套

们称为豌豆夹克——一种永不过时的双排扣短款外套（图26-5）。

1978年，Calvin Klein推出了Calvin Klein Jeans牛仔裤系列。这款牛仔裤以其修身剪裁和背面的品牌标志而闻名，著名的K系列牛仔广告，引发了牛仔裤的潮流，标志着时尚文化的重要转变（图26-6）。

1980年，Brooke Shields为Calvin Klein拍摄牛仔裤广告。广告中"我和我的Calvins之间没有什么"的广告语引发了巨大争议，同时也让品牌声名大噪。这次广告活动不仅提高了品牌知名度，还奠定了Calvin Klein大胆、前卫的品牌形象（图26-7）。

随着品牌的不断发展，Calvin Klein开始将触角伸向更多领域，不断创新和扩展产品线。20世纪80年代初，Calvin Klein推出了CK内衣系列，这一系列产品彻底改变了人们对内衣的传统认知。特别是男士平角内裤的推出，不仅提升了内衣的时尚属性，还将其从日常必需品转变为时尚单品。这一举措标志着Calvin Klein在塑造现代生活方式方面的重要影响力（图26-8）。

图26-6 Calvin Klein Jeans牛仔裤系列

图26-7 1980年，Brooke Shields为Calvin Klein拍摄牛仔裤广告

图 26-8　20世纪80年代初，Calvin Klein推出了CK内衣系列

图 26-9　1985年，Calvin Klein推出了香水系列

品牌发展期（20世纪80年代中-2003）

1985年，卡尔文·克雷恩进一步扩大了品牌的影响力，推出了香水系列。这一举措不仅丰富了品牌的产品线，还为消费者提供了一种新的方式来体验卡尔文·克雷恩的简约优雅风格。香水系列的推出标志着品牌从服装领域向生活方式品牌的转变（图26-9）。

进入1990年代，卡尔文·克雷恩继续引领时尚潮流。1994年，品牌推出了CK One，这是第一款被广泛认可的中性香水。CK One的推出打破了传统香水的性别界限，反映了社会对性别观念的变化，同时也展现了卡尔文·克雷恩品牌的前瞻性和创新精神（图26-10）。

为了推广这些新产品，卡尔文·克雷恩采用了大胆而富有创意的营销策略。在20世纪90年代初，超模Kate Moss成为CK One香水的代言人。Moss的中性魅力完美诠释了这款突破性的中性香水，进一步巩固了卡尔文·克雷恩在时尚界的地位（图26-11）。

同样在这个时期，卡尔文·克雷恩的广告策略再次引起轰动。1992年，Mark Wahlberg为卡尔文·克雷恩内衣系列拍摄了一系列极具影响力的广告。这些广告不仅提高了品牌知名度，还奠定了卡尔文·克雷恩大胆、前卫的品牌形象，成为20世纪90年代流行文化的重要组成部分（图26-12）。

图 26-10　1994年，品牌推出了CK One

图 26-11　20世纪90年代初，超模Kate Moss成为CK One香水的代言人

图 26-12　1992年，Mark Wahlberg为Calvin Klein内衣系列拍摄了一系列广告

品牌现阶段（2003至今）

2003年是卡尔文·克雷恩品牌发展史上的重要转折点。这一年，品牌创始人卡尔文·克雷恩决定退居幕后，将公司出售给PVH集团。这标志着品牌进入了一个新的发展阶段，由企业化管理取代了个人主导的经营模式。同年，为了保持品牌的创新活力，PVH集团任命Francisco Costa为女装创意总监，Italo Zucchelli为男装创意总监。这两位设计师的加入为卡尔文·克雷恩注入了新的创意元素，同时也延续了品牌一贯的简约风格（图26-13、图26-14）。

在接下来的十余年里，卡尔文·克雷恩品牌在新的管理团队和创意总监的带领下稳步发展。2015年，为了吸引年轻消费群体，品牌邀请了当红明星Justin Bieber和Kendall Jenner为卡尔文·克雷恩内衣系列的代言人。这一举措不仅提升了品牌在年轻群体中的影响力，也反映了品牌与时俱进的营销策略（图26-15）。

2016年，卡尔文·克雷恩迎来了又一次重大变革。品牌任命了备受业界瞩目的设计师拉夫·西蒙斯（Raf Simons）为首席创意官。师拉夫·西蒙斯的加入为品牌带来了全新的创意视角和设计理念。他深入探索美国文化，将美国西部、好莱坞电影等元素融入设计中，推动品牌向更高端、更艺术化的方向发展（图26-16）。

在师拉夫·西蒙斯的带领下，卡尔文·克雷恩于2017年推出了高端系列205W39NYC。这个系列旨在重新定位品牌，将卡尔文·克雷恩推向更高端的时尚市场。205W39NYC系列融合了美国文化元素和现代设计理念，展现了品牌对高端时尚的新诠释（图26-17）。

图26-13　Francisco Costa成为女装创意总监

图26-14　Italo Zucchelli成为男装创意总监

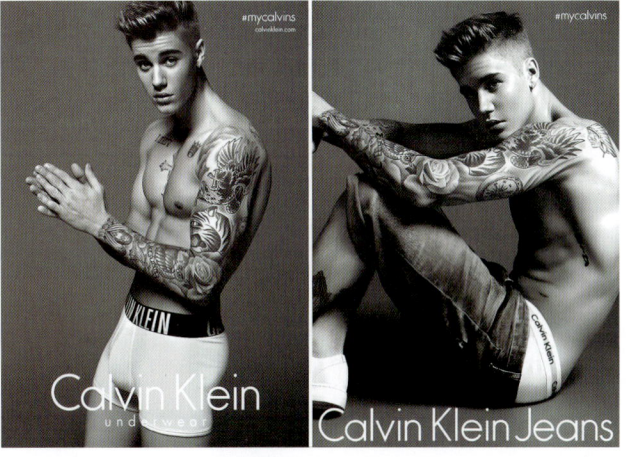

图26-15　Justin Bieber成为Calvin Klein内衣系列的代言人

图26-16　设计师拉夫·西蒙斯成为首席创意官

图26-17　Calvin Klein于2017年推出了高端系列205W39NYC

图26-18　2017年，拉夫·西蒙斯与知名艺术家Sterling Ruby展开合作

图26-19　2017年，Calvin Klein在东京推出了新的概念店，并更新了品牌标识

图26-20　Calvin Klein开始瞄准内衣与运动服饰业务

2017年，拉夫·西蒙斯与知名艺术家Sterling Ruby展开合作，Ruby设计了品牌2017年秋冬时装秀的展出空间。Ruby不仅成为卡尔文·克雷恩的非官方品牌大使和形象顾问，某种意义上也算是担任了拉夫·西蒙斯的文化翻译（图26-18）。

2017年，卡尔文·克雷恩在东京推出了新的概念店，并更新了品牌标识，这标志着品牌在现代市场中的重新定位和品牌形象的刷新。新的战略旨在通过现代化的设计和营销手段，继续吸引年轻消费者（图26-19）。

在拉夫·西蒙斯的带领下，卡尔文·克雷恩迎来了创立以来最大规模及最高频率的革新。虽然拉夫·西蒙斯打造的卡尔文·克雷恩无论是媒体声量还是品牌价值都有所提升，但PVH集团对品牌业绩的增幅始终不满意。

2018年，PVH集团在拉夫·西蒙斯离开后宣布了一个名为InCKubator的营销计划，旨在召集外部创意人才，进行时装、零售空间等多种形式的合作，针对不同消费群体每年推出四到六个合作项目。卡尔文·克雷恩在弱化成衣业务的同时，开始瞄准内衣与运动服饰业务。2018年，卡尔文·克雷恩内衣部门销售额同比增长7.4%至37亿美元，成为品牌业绩表现最好的部门（图26-20）。

卡尔文·克雷恩在2019年开始重新调整品牌战略，2020年加强了线上销售和数字营销力度。这一举措不仅帮助品牌度过了疫情带来的困难时期，还加速了其数字化转型进程。

延续这一发展方向，卡尔文·克雷恩在2021年推出了一系列可持续发展计划。这些计划包括使用更多环保材料、减少碳排放等举措，充分展现了品牌对环境保护和可持续时尚的长期承诺。这不仅响应了全球对可持续发展的呼声，也为品牌赢得了更多环保意识强的消费者。

经过这一系列战略调整和创新举措，卡尔文·克雷恩在2022年取得了显著的市场成果。据报告显示，品牌在这一年的全球零售销售额达到了约93亿美元的可观数字。这一成绩不仅证明了卡尔文·克雷恩品牌的持久吸引力，也展示了其在面对市场变化时的适应能力和创新精神。

东京

27. 三宅一生（ISSEY MIYAKE）品牌介绍

扫二维码看PPT

品牌创立期（1970-1988）

1938年，三宅一生（ISSEY MIYAKE）出生于日本广岛。童年时期，广岛原子弹爆炸的创伤对他的成长产生了深远的影响，尤其是他母亲因辐射去世的痛苦经历。这种生命的脆弱与无常，激发了三宅一生在设计中追求"返璞归真"的美学理念。作为一个设计师，三宅一生力求设计出能够自由舒展的服装，避免束缚，强调简洁、功能性与生命的流动性（图27-1）。

1959年，三宅一生进入东京多摩美术大学，开始专注于艺术与设计的学习。在这段时期，他积累了对日本传统美学的深入理解，为日后的设计奠定了基础（图27-2）。

1963年，怀着对时尚的热爱，三宅一生前往巴黎，正式进入时尚行业的学习与实践阶段。在巴黎期间，他曾在纪·拉罗什（Guy Laroche）和纪梵希（Givenchy）的工作室工作，积累了宝贵的设计经验，也开始意识到自己在西方时尚界的定位（图27-3）。

1969年，三宅一生来到纽约，在杰弗里·比尼（Geoffrey Beene）的工作室工作。这段经历使他深刻理解了美国时尚市场的特点，也让他对时尚产业有了更加国际化的视野。尽管在西方时尚界获得了一定的声誉，三宅一生心中始终怀揣着回归日本并创建自己品牌的梦想。

1970年，三宅一生回到日本，在东京创立了"三宅时尚设计所"，并正式推出了个人品牌

图27-1 三宅一生

图27-2 1959年，三宅一生进入东京多摩美术大学学习

图27-3 1963年，怀着对时尚的热爱，三宅一生前往巴黎进入时尚行业

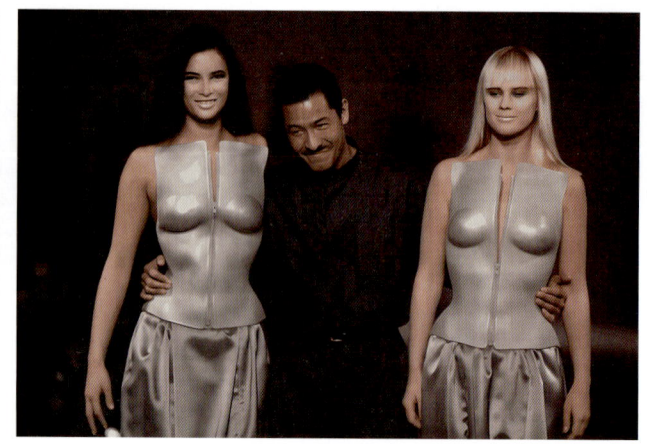

图27-4　1971年，三宅一生在纽约展出了以Tattoo为主题的首个系列

图27-5　1973年，三宅一生首次亮相巴黎时装周

图27-6　1985年，三宅一生在巴黎时装周上展示了Body Works Series系列

ISSEY MIYAKE（三宅一生）。从品牌创立伊始，三宅一生的设计理念便与众不同：他不仅仅是在模仿西方的时尚潮流，而是致力于通过日本传统文化与现代设计理念的结合，创造出一种独特的全球时尚语言。

1971年，三宅一生在纽约展出了以Tattoo为主题的首个系列。这个系列的灵感来自向死者致敬的日本传统纹身，他通过在运动衫上印上纹身来更新这些图腾，以纪念音乐家Jimi Hendrix和Janis Joplin。这次展出展现了三宅一生将日本传统元素与现代流行文化相结合的独特设计理念，开创了他在国际时尚界的独特风格（图27-4）。

1973年，三宅一生首次亮相巴黎时装周，这是品牌发展史上的一个重要里程碑。这场秀使得西方时尚界认识到东方式设计的独特力量（图27-5）。

1985年，三宅一生在巴黎时装周上展示了Body Works Series系列。这个系列以布料以外的材料进行创作，展现了设计师对材料和形态的创新探索。这场秀成为时尚界的一个重要事件，进一步巩固了三宅一生作为创新设计师的地位（图27-6、图27-7）。

品牌发展期（1988-2000）

1988年，三宅一生在服装设计领域取得了重大突破，他发明了热压褶皱技术，并以此为基础推出了Pleats Please系列。这项技术使服装能够形成永久性的褶皱，不仅提升了服装的功能性和易维护性，还创造出了独特的视觉效果。Pleats Please系列的诞生标志着三宅一生设计理念的重要转折，使得他的作品更加贴合现代人的生活方式（图27-8）。

图27-7　Bady Works Series系列以布料以外的材料进行创作

图27-8　Pleats Please系列

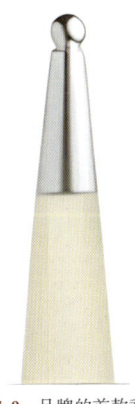
图27-9　品牌的首款香水 L'EAU D'ISSEY

图27-10　1994年，Pleats Please系列首次在时装秀上亮相

1992年，ISSEY MIYAKE品牌迈出了多元化发展的重要一步，推出了品牌的首款香水L'EAU D'ISSEY。这款香水以其清新的水生花香调和简约的瓶身设计迅速成为市场焦点。L'EAU D'ISSEY不仅成功拓展了品牌的产品线，还成为经典香水之一，展现了三宅一生在时尚领域之外的创新能力（图27-9）。

1994年，Pleats Please系列首次在时装秀上亮相，这场秀展示了三宅一生革新性的褶皱技术，开创了服装设计的新纪元。Pleats Please系列的首秀不仅展示了三宅一生在技术上的创新，更体现了他对服装功能性和美学的独特理解。这个系列的成功进一步巩固了三宅一生在国际时尚界的地位，也为未来的设计发展奠定了基础（图27-10）。

1997年，三宅一生推出了A-POC（A Piece of Cloth）系列，这是品牌在设计理念上的一次重大创新。A-POC系列通过先进的编织技术将一整块布料转化为多种服装形式，展示了三宅一生对材料节约与个性化设计的追求。这一系列不仅强调了服装的多样性和可塑性，还展示了对传统制作方法的挑战。通过整块布料的使用，A-POC传递出一种"少即是多"的理念，成为三宅一生"解构主义"风格的经典代表（图27-11）。

1999年标志着三宅一生品牌的一个重要转折点。这一年，宫前义之接替三宅一生成为品牌的首席设计师。宫前义之延续了三宅一生的创新精神，并融入了更多现代科技元素。他在设计中引入了更多高科技面料和生产技术，进一步推动了无结构设计的革新。同时，宫前义之相比三宅一生更加大胆地使用明亮的色彩，使得ISSEY MIYAKE的作品更具视觉冲击力（图27-12）。

同年，A-POC系列正式发布。这个系列鼓

图27-11　1997年，三宅一生推出了A-POC（A Piece of Cloth）系列

图27-12　1999年，宫前义之接替三宅一生成为品牌的首席设计师

图27-13　A-POC系列发布

图27-14　三宅一生品牌推出的BAO BAO ISSEY MIYAKE包袋系列

励消费者与品牌之间建立更深层次的互动，赋予了时尚更多的个人化和创造性。A-POC系列的设计理念让消费者能够根据个人需求自由塑造服装，重新定义了现代时尚的个性化和实用性（图27-13）。

2000年，三宅一生品牌推出了BAO BAO ISSEY MIYAKE包袋系列，这是品牌在配饰领域的一次重要创新。BAO BAO系列以其独特的几何设计和灵活的结构，迅速成为时尚界的标志性作品。这个系列采用独特的三角形块状设计，能够根据内容物的形状自由变化，兼具时尚感和功能性。BAO BAO不仅是一个实用的包袋，更是一件可佩戴的艺术品，代表了三宅一生"科技与艺术融合"的风格（图27-14）。

品牌现阶段（2000至今）

2006年，品牌迎来了新的变革。藤原大接替宫前义之成为三宅一生品牌的首席设计师。藤原大在设计中注入了更多年轻化和时尚元素，同时保持了品牌核心的创新精神。他延续了品牌的环保理念，并在设计中更加注重可持续材料的使用。藤原大还积极推动与艺术家、科技公司的合作，创造出更多创新产品。例如，他开发了3D Steam Stretch技术，使服装能够根据身体温度自动调整形状，进一步提升了穿着舒适度和个性化体验（图27-15）。

2010年，三宅一生品牌推出了132 5.系列，这是品牌在可持续时尚领域的一次开创性尝试。该系列利用可回收的PET塑料瓶制作而成的聚酯纤维，展示了三宅一生对环保和创新设计的深切关注。132 5.系列的设计在平铺状态下呈现几何形状，穿着时则形成独特的立体服装，成为时尚界极具创新性的作品之一。这一系列不仅展示了对环保材料的应用，更通过创新设计探讨了服装与可持续性之间的关系，将未来科技与日常穿着巧妙结合，成为三宅一生"科技时尚"的代表作（图27-16、图27-17）。

图27-15　2006年，藤原大接替宫前义之成为三宅一生品牌的首席设计师

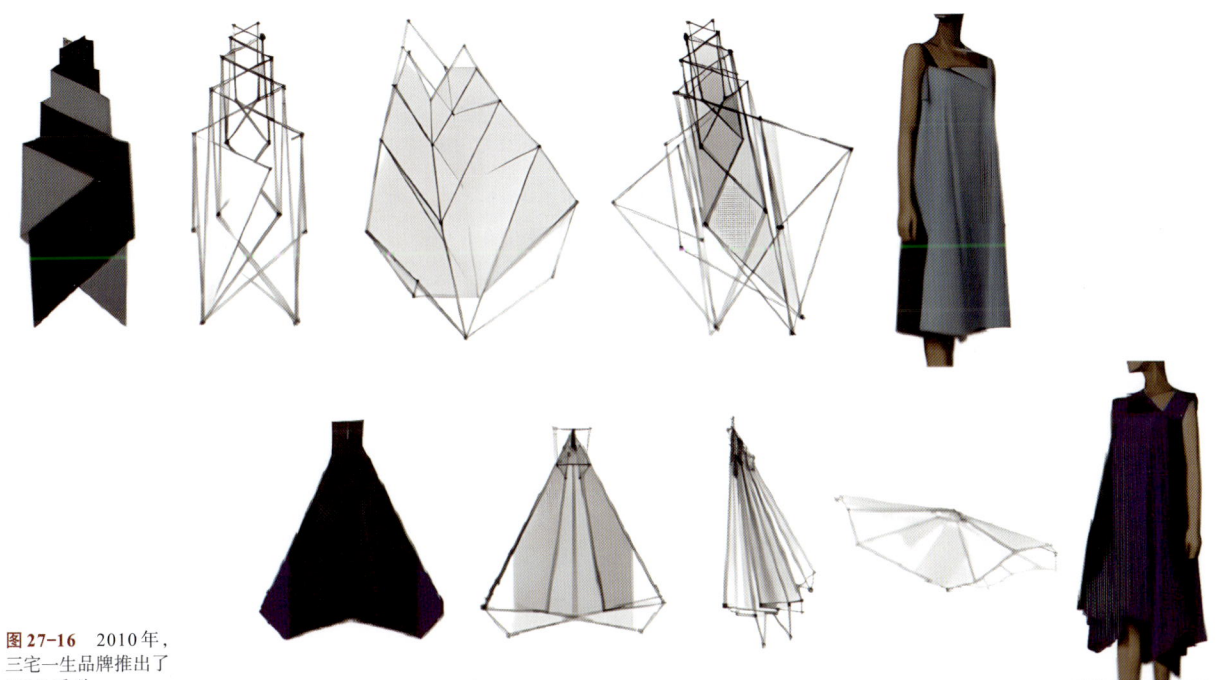

图 27-16 2010年，三宅一生品牌推出了132 5.系列

2011年左右，三宅一生为苹果公司创始人史蒂夫·乔布斯设计了标志性的黑色高领衫。这种简约且具功能性的服装成为乔布斯的个人标志，展示了三宅一生设计的实用性与持久美学。这一设计不仅体现了三宅一生对个人风格的深刻理解，也展示了他将时尚与科技融合的独特视角（图27-18）。

2015年前后，索尼公司成立35周年之际，公司总裁盛田昭夫邀请三宅一生为索尼设计工服。尽管当时三宅一生已经80高龄，很少亲自设计服装，但他还是爽快地接受了这个挑战。三宅一生为索尼员工设计出了一款灰色的工作服，最大的亮点是附有红色的镶边。这款工作服在春、秋、冬三季可作为外套，到了夏季，外套的袖子可以拆卸下来，变成一件夏季背心。这款被称为索尼历史上"最实用的工作服"的设计，充分体现了三宅一生对功能性和美学的完美结合（图27-19）。

图27-17 132.5系列将未来科技与日常穿着巧妙结合，成为三宅一生"科技时尚"的代表作

图27-18 三宅一生为苹果公司创始人史蒂夫·乔布斯设计了标志性的黑色高领衫

2019年，著名平面设计师佐藤卓成为三宅一生品牌的新任艺术总监。在他的领导下，三宅一生品牌开始加速数字化转型，并通过创新的视觉设计和技术应用，为品牌带来了全新的发展方向。佐藤卓将其独特的视觉设计理念融入品牌的广告和产品设计中，带来了极具视觉冲击力的作品。他不仅保留了三宅一生的传统，还推动了更多的跨界合作，将平面设计、数字化技术与时尚设计相结合（图27-20）。

2020年，由于全球疫情的影响，三宅一生品牌推出了数字时装秀，利用VR技术展示最新设计。此举不仅为观众提供了沉浸式的观看体验，还展示了品牌在数字化时代的适应能力和创新精神。在佐藤卓的领导下，三宅一生品牌开始更加重视数字化发展，通过创新的线上渠道拓展全球市场（图27-21）。

2022年8月5日，三宅一生因肝细胞癌去世，享年84岁。他的离世标志着一个时代的结束，全球时尚界为之深感哀悼。三宅一生的一生充满了创新与变革，他的设计理念和贡献将永远影响全球时尚产业。三宅一生通过他独特的设计理念，将传统的日本美学与现代科技相结合，创造了一种全新的时尚语言。即便在创始人离世后，三宅一生品牌依然保持着其创新精神和对质量的极致追求，在全球时尚界的影响力仍然不可忽视（图27-22）。

图27-19 索尼历史上"最实用的工作服"的设计

图27-20 2019年，著名平面设计师佐藤卓成为三宅一生品牌的新任艺术总监

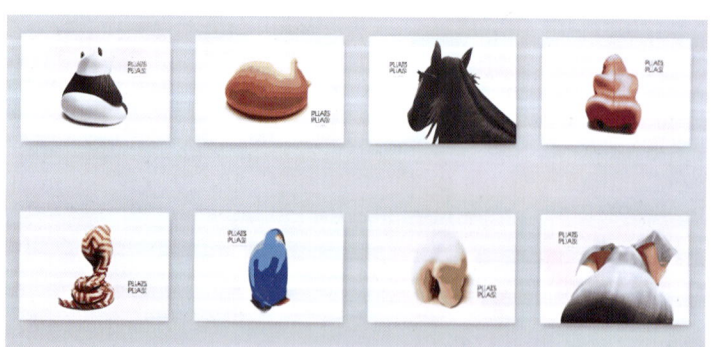

图27-21 三宅一生品牌推出了数字时装秀，利用VR技术展示最新设计

图27-22 2022年8月5日，三宅一生因肝细胞癌去世，享年84岁

28. 山本耀司（Yohji Yamamoto）品牌介绍

品牌创立期（1977—1990）

1943年，山本耀司（Yohji Yamamoto）出生于东京。他的童年经历了二战后日本社会的巨大变迁，这段经历深深影响了山本耀司的人生观和设计理念，促使他在未来的设计生涯中不断追求反传统、反主流的美学（图28-1）。

1966年，山本耀司从庆应义塾大学法律系毕业。这段法律学习经历虽然看似与时尚无关，但实际上为他日后的设计生涯奠定了严谨、精确的思维基础（图28-2）。

1966年左右，大学毕业后，山本耀司做出了一个改变人生轨迹的决定：进入文化服装学院学习时装设计。这个决定标志着他正式踏入时尚界，也预示着日本时尚界即将迎来一场革命。在文化服装学院，山本耀司不仅学习了基本的设计技巧，更重要的是，他开始形成自己独特的设计理念和美学观（图28-3）。

1977年，经过9年的准备工作和巴黎的旅行经历，34岁的山本耀司带着Y女装系列在东京贝尔公地举办了他的首场时装秀。这场秀展示了山本耀司革命性的美学：衣服看起来未完成、破烂和随意组合。这种风格与当时盛行的华丽、紧身的设计形成了鲜明对比，立即引起了业界的广泛关注（图28-4）。

1981年，山本耀司带着自己的作品首次亮相

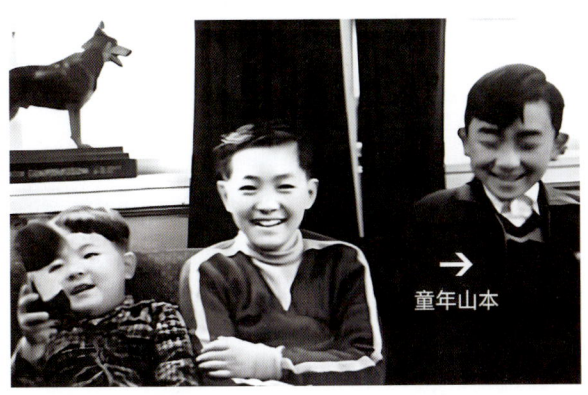

图28-1 童年的山本耀司

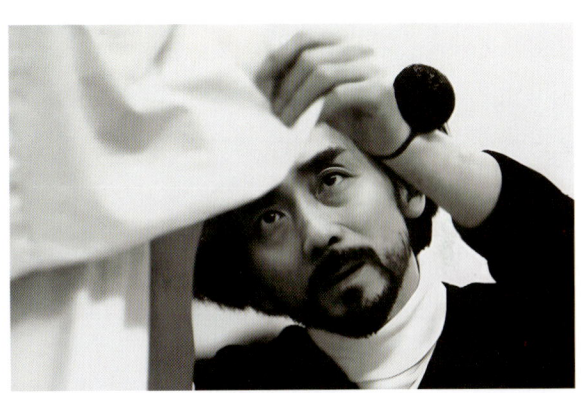

图28-2 1966年，山本耀司从庆应义塾大学法律系毕业

图28-3 山本耀司进入文化服装学院学习时装设计

图28-4 34岁的山本耀司带着Y女装系列，在东京举办了首场时装秀

巴黎时装周，展示了被称为"后原子时尚"的系列。这次展示让欧洲时尚界为之震惊，被称为"黑色冲击"。山本耀司的设计打破了传统西方服装的结构，融入了日本和服的宽松感和层次感，创造出了一种全新的服装美学。他的作品不仅在视觉上令人耳目一新，更重要的是，它们代表了一种全新的穿着哲学：服装应该是身体的延伸，而不是约束（图28-5）。

1983年，山本耀司在一次重要采访中表达了他对服装设计的革新理念。他表示："我想为女性设计中性的服饰。"这一声明不仅展现了山本耀司打破传统性别界限的设计理念，也预示了他未来设计方向的重大转变。这种中性化的设计理念不仅体现在他的女装中，也为他后来的男装系列奠定了基础（图28-6）。

1984年，山本耀司正式推出Pour Homme男装系列，标志着他正式进军男装市场。这个系列包含了一些他最具艺术性和实验性的产品，进一步巩固了他在时尚界的地位。Pour Homme系列的成功证明了山本耀司的设计理念不仅适用于女装，在男装领域同样具有强大的吸引力。该系列打破了传统男装的刚硬形象，引入了更多柔和、流畅的元素，开创了男装设计的新方向（图28-7）。

20世纪80年到90年代，山本耀司开始跨界合作，与多位知名导演合作设计电影服装。这些合作包括为维姆·文德斯和北野武等著名导演的作品设计服装。这种跨界合作不仅展示了山本耀司在服装设计领域的多才多艺，也拓展了时尚与电影艺术的边界。通过这些合作，山本耀司将他独特的设计理念带入了电影艺术领域，同时也从电影中汲取灵感，丰富了自己的设计语言（图28-8）。

20世纪90年代初到20世纪初这个时期被视为山本耀司设计风格的中期阶段。在这一阶段，山本耀司开始更多地探索服装与身体、性别、文化的关系。他的设计变得更加精致和内敛，但仍保持着独特的美学风格。这一时期的作品反映了山本耀司对服装本质的深入思考，他试图通过服装设计来探讨人体、性别认同和文化差异等深层次问题。这种探索不仅体现在他的服装剪裁和结构上，也反映在他对材质和色彩的选择中。

图28-5 "后原子时尚"系列

图28-6 为女性设计中性的服饰

  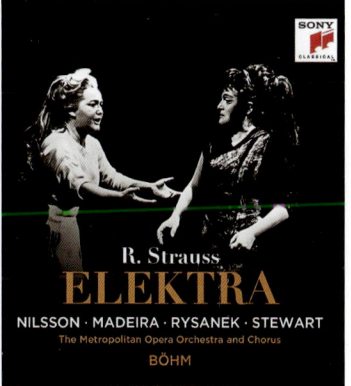 

图28-7　1984年，山本耀司正式推出Pour Homme男装系列　　图28-8　山本耀司开始跨界合作，与多位知名导演合作设计电影服装　　图28-9　山本耀司为歌剧《特里斯坦与伊索尔德》（Tristan and Isolde）设计服装　　图28-10　第一款香水"YOHJI"

品牌发展期（1991-2009）

1993年，山本耀司为歌剧《特里斯坦与伊索尔德》（Tristan and Isolde）设计服装，这表明他的设计才华已经跨越了时尚界，进入了表演艺术领域（图28-9）。

1996年，山本耀司推出了第一款香水"YOHJI"，进一步扩展了他的品牌产品线（图28-10）。

1999年，山本耀司获得了美国时装设计师协会（CFDA）的时尚奖。这个奖项是时尚界的最高荣誉之一，标志着山本耀司在国际时尚界的地位得到了广泛认可。获得CFDA时尚奖不仅是对山本耀司个人才能的肯定，也体现了日本设计在全球时尚舞台上的影响力日益增强。这一荣誉进一步巩固了山本耀司作为先锋派设计师的地位，同时也为品牌带来了更多的国际关注。

2000年至今，这个时期被视为山本耀司设计风格的后期阶段。在这一阶段，山本耀司的设计更加注重传统与现代的融合。他开始重新审视和诠释经典设计，同时也更多地关注可持续发展和环保理念。这种转变反映了山本耀司对时尚产业未来发展的思考，以及他对社会责任的认识。在保持品牌独特美学的同时，山本耀司也在积极探索如何使设计更加符合当代社会的需求和价值观（图28-11）。

2002年，这一年标志着山本耀司职业生涯的一个重要转折点。他成为Adidas Y-3系列的创意总监，开创了奢侈品牌与运动品牌合作的先河。这次跨界合作不仅展示了山本耀司设计才能的多元性，也反映了时尚界对运动休闲风格日益增长的需求。作为Adidas Y-3系列的创意总监，山本耀司将高级时装的设计理念融入运动服饰，创造出一种全新的时尚运动风格（图28-12）。

图28-11　山本耀司设计风格的后期阶段

图28—12　2002年，山本耀司成为Adidas Y-3系列的创意总监

2003年，继2002年成为Adidas Y-3系列创意总监后，山本耀司与Adidas正式推出了Y-3系列。这个系列成功地将山本耀司的前卫设计理念应用到日常运动服饰中，创造了一种全新的时尚运动风格。Adidas Y-3系列的推出不仅拓展了山本耀司品牌的产品线，也为运动服饰注入了高级时装的元素，模糊了运动服饰和高级时装之间的界限。这次合作被视为时尚界的一次重大创新，影响了之后众多奢侈品牌与运动品牌的合作模式（图28-13）。

图28—13　山本耀司与Adidas正式推出了Y-3系列

2009年，山本耀司品牌面临了自创立以来最严峻的挑战。全球金融危机的影响蔓延至时尚产业，导致品牌陷入财务困境，濒临破产。这一危机不仅威胁到品牌的生存，也考验着山本耀司多年来建立的设计理念和品牌价值。面对这一困境，山本耀司展现出了非凡的韧性和适应能力。他与日本投资公司Integral Corporation达成合作，通过重组和战略调整，成功渡过了这一难关。这次危机也促使山本耀司重新思考品牌定位和发展方向，使他更加专注于设计本质，而不是盲目追随市场潮流。这一经历不仅挽救了品牌，也为其未来发展奠定了更加稳固的基础（图28-14）。

图28—14　山本耀司与日本投资公司Integral Corporation达成合作

品牌现阶段（2010至今）

2011年是山本耀司品牌发展历程中的一个里程碑年份，山本耀司被授予法国艺术和文化最高荣誉勋章指挥官军衔。这一殊荣不仅是对山本耀司个人艺术成就的肯定，也体现了法国文化界对日本设计师的高度认可。这一荣誉进一步巩固了山本耀司在国际时尚界的地位，彰显了其设计对全球文化的深远影响。

2012年，山本耀司在其品牌位于东京青山的旗舰店Yohji Yamamoto Aoyama Store举办了首次绘画展。这次展览不仅展示了山本耀司在服装设计之外的艺术才能，也反映了他对艺术创作的多元化探索。通过这次展览，山本耀司向公众展示了他作为一个全方位艺术家的一面，进一步丰富了品牌的文化内涵。这次展览也成为山本耀司品牌发展历程中的一个重要里程碑，标志着品牌开始更加积极地探索时尚与其他艺术形式的融合（图28-15）。

2014年，山本耀司为西班牙顶级职业足球俱乐部"皇家马德里"设计了第三件球衣。这次跨界合作是山本耀司设计才能的又一次展现，也是品牌拓展影响力的重要尝试（图28-16）。

2016年6月山本耀司与Côte&Ciel合作推出联名包袋系列（图28-17）。

2017年，山本耀司获得了中国香港设计中心颁发的DFA（Design for Asia）终身成就奖（图28-18）。

2019年8月大中华区首间——中国香港山本耀司旗舰店正式开业，将建筑美学带到时装购物体验（图28-19）。

2020年4月，山本耀司与Dr. Martens推出

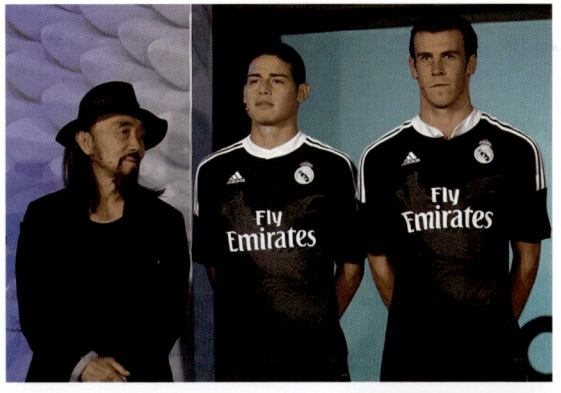

图28-15 东京青山的旗舰店Yohji Yamamoto Aoyama Store举办了首次绘画展

图28-16 山本耀司为西班牙顶级足球俱乐部"皇家马德里"设计了第三件球衣

图28-17 联名包袋系列

图28-18 山本耀司获得中国香港设计中心颁发的DFA终身成就奖

图28-19 中国香港山本耀司旗舰店

"1460 Remaster"取名靴款（图28-20）。

2021年，山本耀司增加了环保材料的使用比例，响应了全球时尚界对可持续发展的呼声。

同年，山本耀司成功举办了2021年系列时装秀。在疫情背景下，这场秀采用了创新的展示方式，既保证了安全，又不失山本耀司一贯的前卫风格。这场秀不仅展示了新的设计理念，也反映了品牌在面对挑战时的创新精神（图28-21）。

山本耀司通过其独特的设计理念和不断创新的精神，将一个源自日本的时尚品牌推向了国际舞台。他融合了东西方文化，创造了一种全新的服装美学，不仅改变了人们对服装的认知，也影响了整个时尚产业。（图28-22）。

图28-20 「1460 Remaster」别注靴款

图28-21 2021年系列时装秀

图28-22 Yamamoto的设计哲学——"看着过去，我倒退着走向未来"

29. 川久保玲（Comme des Garçons）品牌介绍

品牌创立期（1969-1980）

1942年10月11日，川久保玲（Rei Kawakubo）出生于东京的一个中产阶级家庭。这位日后在国际时尚界掀起革命的设计师，从小就展现出非凡的创造力和独特的审美观（图29-1）。

1969年，27岁的川久保玲在东京创立了Comme des Garçons（简称CDG）品牌。品牌名称源自法语，意为"像男孩一样"，这个名字本身就体现了品牌打破性别界限、挑战传统的设计理念。最初，CDG只是一个小型工作室，主要设计和制作女装。在这个时期，CDG的设计就已经展现出不同于主流的独特风格，以黑色为主，剪裁简洁而大胆，展现出一种反传统的美学观念（图29-2）。

1978年，CDG推出了男装系列"Comme des Garçons Homme"，这标志着品牌开始向多元化发展。这一系列延续了品牌一贯的前卫风格，同时也为男装市场带来了新的设计理念。

图 29-1　川久保玲（Rei Kawakubo）

图 29-2　川久保玲在东京创立了 Comme des Garçons（简称CDG）品牌

图 29-3　1981年，CDG首次在巴黎时装周亮相

品牌发展期（1981-2000）

1981年，CDG首次在巴黎时装周亮相，这次展示震惊了西方时尚界。川久保玲的设计以全黑、不对称、破洞和层叠等元素为特征，完全颠覆了当时盛行的华丽奢靡风格，虽然最初遭到一些批评，但很快就赢得了前卫时尚爱好者的青睐，并吸引了大量媒体关注。这次亮相被视为日本设计师在国际时尚界崛起的重要标志（图29-3）。

1982年是CDG发展史上的又一个里程碑。这一年，品牌在巴黎开设了第一家海外旗舰店，标志着CDG正式进军国际市场。同年，川久保玲推出了标志性作品Lace Sweater。这件毛衣通过特殊编织技术创造出蕾丝般的效果，展现了川久保玲对传统工艺的创新运用，成为品牌历史上的经典之作（图29-4）。

1984年是CDG品牌发展史上的重要一年。这一年，品牌推出了Comme des Garçons Homme Plus系列，这个系列以其更具实验性和前卫性的设计，进一步拓展了CDG在男装领域的影响力（图29-5）。

图 29-4　标志性作品 Lace Sweater

同年，一位对CDG未来发展产生深远影响的设计师——渡边淳弥（Junya Watanabe）加入了公司。渡边淳弥的加入为CDG注入了新的创意活力，为品牌的多元化发展奠定了基础（图29-6、图29-7）。

1992年，渡边淳弥在CDG的支持下推出了自己的同名系列。这个系列很快成为CDG旗下的重要子品牌，其以独特的设计理念和创新的材料运用而闻名。渡边淳弥的设计风格既保持了CDG的前卫精神，又增添了更多的实用性和科技感，吸引了一批追求独特和功能性的消费者（图29-8）。

1993年，CDG开始涉足香水领域，推出了Comme des Garçons Parfums香水线。这一举措标志着品牌向生活方式领域的扩展。CDG的香水以其非传统的香调和前卫的包装设计迅速获得关注，成为品牌重要的收入来源之一（图29-9）。

1997年，CDG推出了著名的Bump Collection系列。这个系列以其夸张的隆起和变形轮廓闻名，挑战了人们对于理想体型的固有观念。Bump Collection系列不仅在设计上大胆创新，还引发了关于身体美学和时尚标准的广泛讨论，进一步巩固了CDG在前卫时尚领域的地位（图29-10）。

1999年，CDG与运动品牌巨头Nike（耐克）开始了一段长期而富有成效的合作关系。这一战略性合作标志着高级时装与运动服饰的跨界融合，为两个品牌都带来了新的创意灵感和市场机遇。CDG与Nike的联名系列涵盖了多种产

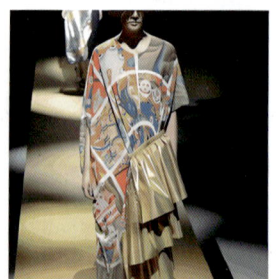

图29-5　品牌推出了Comme des Garçons Homme Plus系列

图29-6　渡边淳弥加入了公司　　　　图29-7　渡边淳弥的加入为CDG注入了新的创意活力

图29-8 1992年,渡边淳弥在CDG的支持下推出了自己的同名系列

图29-9 Comme des Garçons Parfums 香水

图29-10 1997年,CDG推出了著名的Bump Collection 系列

品,包括运动鞋、服装和配饰。其中,最为人熟知的是对经典鞋款如 Air Max 97 和 Air Force 1 的重新诠释。这些联名产品成功地将 CDG 的前卫设计理念注入运动服饰领域,创造出既保留运动功能性又富有艺术感的产品,吸引了时尚爱好者和运动爱好者的共同关注(图29-11)。

品牌现阶段(2001至今)

2002年,CDG 推出了 Play Comme des Garçons 系列,这个副线很快成为品牌最受欢迎的系列之一。Play 系列以其简约而富有趣味性的设计风格,特别是标志性的"心形眼睛"图案,成功吸引了大量年轻消费者。这个系列不仅拓展了 CDG 的消费群体,也为品牌注入了更多年轻和活力的元素。Play 系列的成功证明了 CDG 在保持高端时装品牌地位的同时,也能成功开拓更广阔的大众市场(图29-12、图29-13)。

2004年,CDG 推出了革命性的 Guerrilla Store 概念,这一创新的零售模式在时尚界引起了广泛关注。Guerrilla Store 的理念是在非传统零售地点开设临时店铺,通常只经营一年左右。这些店铺往往选址在城市的边缘地带或正在发展的区域,以最小的投入创造独特的购物体验。Guerrilla Store 概念不仅降低了品牌的运营成本,也为消费者带来了新鲜感和稀缺性,成

图29-11 CDG 与 Nike 的联名系列涵盖了多种产品,包括运动鞋、服装和配饰

图29-12 CDG推出了Play Comme des Garçons 系列

图29-13 标志性的"心形眼睛"图案

功地提高了品牌的曝光度和销售额。这一创新模式很快在全球范围内得到推广，并被其他品牌效仿，成为快闪店（pop-up store）概念的先驱（图29-14）。

这一年，品牌在伦敦开设了首家Dover Street Market概念店。这种创新的零售模式将时尚、艺术和设计融为一体，为消费者提供了全新的购物体验。Dover Street Market的成功使其迅速扩展到纽约、东京、北京和新加坡等全球主要城市，成为时尚和艺术交汇的地标（图29-15）。

2005年，新生代设计师Tao Kurihara加入CDG，并推出了自己的同名系列。Kurihara的加入为CDG带来了新的创意活力，她的设计风格既保持了CDG的前卫精神，又增添了更多的浪漫主义和少女感元素。Kurihara擅长使用非传统材料，如纸张和再生纺织品，她的作品常常融合复杂的层次感和丰富的纹理，为CDG的产品线增添了新的维度（图29-16）。

2009年，Tao Kurihara推出了她在CDG的代表作之一——2009秋冬系列。这个系列的灵感来源于蛋糕装饰，展现了丰富的色彩和复杂的结构。Kurihara在这个系列中使用了大号天鹅绒蝴蝶结和夸张的比例，完美地体现了她对民俗文化和装饰艺术的探索。这个系列不仅展示了Kurihara的独特设计才华，也进一步丰富了CDG的设计语言，为品牌吸引了更多关注艺术和时尚融合的消费者（图29-17）。

2011年，Tao Kurihara宣布停止其同名系列设计。Kurihara于2005年加入CDG，成为川久保玲和渡边淳弥的门徒，并在同年推出了自己的同名系列。她的设计以浪

图29-14　Guerrilla Store概念

图29-15　品牌在伦敦开设了首家Dover Street Market概念店

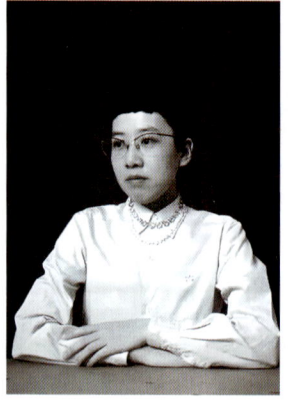 

图29-16　新生代设计师Tao Kurihara加入CDG

图29-17　Tao Kurihara推出了她在CDG的代表作之一——2009秋冬系列

漫主义和少女感著称，为CDG带来了独特的风格。Kurihara表示，停止设计是因为想要改变生活方式，这一决定反映了CDG对设计师个人发展的尊重和支持。

2012年，CDG推出了备受关注的Flat Collection系列。这个系列探索了二维与三维之间的关系，将平面图案转化为立体服装，呈现出独特的视觉效果。这一系列体现了川久保玲对服装结构和空间关系的持续探索，进一步拓展了时装设计的可能性（图29-18）。

2017年是CDG品牌发展史上的重要一年。大都会艺术博物馆举办了题为"Rei Kawakubo/Comme des Garçons: Art of the In-Between"的大型展览，全面回顾了川久保玲的设计生涯和艺术成就。这是该博物馆自1983年以来首次为在世设计师举办个人回顾展，充分体现了川久保玲在时尚界的重要地位。同年，Met Gala（大都会艺术博物馆慈善舞会）以"川久保玲/反传统的时尚"为主题，进一步将CDG和川久保玲推向全球聚光灯下，引发了对前卫时尚和艺术的广泛讨论（图29-19）。

2021年，Tao Kurihara的品牌以"TAO"的名称重新回归时尚界。这次复出并没有大张旗鼓，而是以低调的方式进行，符合CDG一贯的风格。Kurihara的回归为CDG注入了新的创意活力，也展示了品牌对人才培养和支持的长期承诺。

2022年，Tao Kurihara推出了Tao Fall 2022系列。这一系列展示了长款、体积感强的服装，结合了多种图案和纹理，如花朵、方格和蜡染印花。Kurihara通过这些元素表达了力量与女性气质的结合，形成了甜美与大胆的层次感，进一步巩固了她在当代时尚设计中的地位（图29-20）。

2023年，CDG旗下另一位重要设计师渡边淳弥在春夏男装秀中展示了与纽约著名艺术家的合

图29-18　2012年，CDG推出了备受关注的Flat Collection系列

图29-19　Met Gala大型展览

图29-20　2022年，Tao Kurihara推出了Tao Fall 2022系列

图 29-21　设计师渡边淳弥在春夏男装秀中展示

图 29-23　CDG季度发布会现场

图 29-22　CDG与艺术家合作项目

作。这次合作展现了街头艺术风格与高级时装的融合，体现了渡边淳弥一贯的创新精神和对跨界合作的热衷。这场秀不仅展示了渡边淳弥的设计才华，也反映了CDG品牌持续探索艺术与时尚结合的理念（图29-21）。

CDG以其前卫的设计理念和解构主义风格，挑战了传统时尚界的规范，推动了时尚的多样性和包容性。未来CDG将继续探索新的设计理念和材料，保持其在时尚界的前沿地位（图29-22、图29-23）。

本土国风

30. 李宁（Li Ning）
品牌介绍

品牌创立期（1990-2003）

李宁品牌是由中国著名体操运动员李宁于1990年创立的运动服饰品牌。这个品牌的诞生不仅是一个商业决策，更是一个充满梦想和挑战的个人故事，反映了中国运动品牌在全球时尚舞台上的崛起历程。

李宁出生于1963年，在广西柳州的一个普通教师家庭长大。他的体操生涯始于7岁，虽然最初他的父亲希望他成为一名声乐人才，但由于声带受伤，李宁转向了体操这条道路。这个看似偶然的转变，为他日后的成功奠定了基础。

17岁时，他就入选了国家队，并在1981年获得世界大学生运动会的三项冠军，逐渐在国际体坛崭露头角。1984年的洛杉矶奥运会是李宁职业生涯的巅峰，他以出色的表现赢得了三枚金牌，被誉为"体操王子"。在他的整个职业生涯中，李宁共获得14个世界冠军和106枚金牌，他的技术被认为是体操史上最全面和最完美的。

1988年，当"体操王子"李宁在汉城奥运会后脱下比赛服，一个改变中国体育用品版图的故事正在悄然展开。受健力宝集团总经理李经纬的赏识，这位曾在洛杉矶奥运会上惊艳全场的体坛传奇开启了他的商业征程。

1990年，在广东三水这片充满活力的土地上，李宁有限公司应运而生。作为一个初出茅庐的品牌，李宁以惊人的魄力和250万元的投资拿下了第11届亚运会火炬接力传递活动的承办权。这一大胆之举，不仅让李宁品牌在亚运会上惊艳亮相，更在中国体育用品市场掀起了第一波涟漪。

1992年，对于李宁品牌来说是具有里程碑意义的一年。在巴塞罗那奥运会上，中国运动员身着李宁品牌的领奖服装登上领奖台，结束了中国运动员在奥运会上使用外国体育用品的历史。这不仅是一次商业突破，更是中国体育品牌的一次自信宣言。

1993年，李宁公司将总部迁至北京。同年，李宁开创性地在全国建立特许专卖营销体系。1994年，李宁从健力宝集团独立出来，开始了品牌发展的新篇章。两年后，李宁公司再次向世界展示实力，赞助中国体育代表团征战亚特兰大奥运会。这些国际赛事的曝光，不断提升着李宁品牌的国际知名度。

1998年是李宁品牌发展史上的又一个重要节点。这一年，在广东佛山，中国第一个运动服装与鞋类设计开发中心落成。这个开发中心的建立，为李宁品牌在2000年后走向专业化道路奠定了坚实的基础。

2002年，李宁品牌迎来重要转折。品牌提出"一切皆有可能"的全新口号，开始注重品牌文化和价值观的构建。这个充满力量的口号，不仅是对李宁个人"体操王子"精神的延续，更预示着品牌对未来无限可能的探索。

品牌发展期（2004-2014）

2004年，李宁品牌迎来具有划时代意义的一刻。李宁在香港联交所主板成功挂牌上市，这标志着品牌发展进入新的篇章。同年，品牌推出Tie系列足球鞋和Free jumper篮球鞋，彰显了其在专业运动装备领域的雄心（图30-1、图30-2）。

图30-1　Tie系列足球鞋

图30-2　Free jumper篮球鞋

图30-3　2005年，李宁品牌与NBA达成官方合作伙伴关系

2005年，李宁品牌在国际化道路上迈出了关键性的一步——与NBA达成官方合作伙伴关系。这一战略合作不仅为品牌打开了国际市场的大门，更为后续的产品创新提供了新的方向。2006年，品牌与NBA传奇球星奥尼尔合作推出"李宁SHAQ"系列专业篮球产品线，在中国篮球市场掀起一股热潮。这些大胆的市场举措，让李宁品牌在国际体育用品市场上的声量不断攀升（图30-3）。

2008年，李宁作为北京奥运会主火炬手在开幕式上点燃主火炬，成为奥运会的经典瞬间。

然而，2008年北京奥运会后，中国运动服装行业迎来了一个意想不到的寒冬。作为行业领军品牌的李宁也未能幸免，陷入了库存积压的困境。更棘手的是，品牌定位的模糊导致市场反应趋于冷淡。

2010年，面对市场环境的急剧变化，李宁公司提出了品牌年轻化战略。然而，这次转型并未达到预期效果。品牌连续数年陷入亏损，一时间，这个曾经令人瞩目的中国运动品牌似乎失去了往日的光彩。

品牌现阶段（2015至今）

2015年，当李宁本人重返公司管理一线时，这个经历过风雨的品牌迎来了转机。"一切皆有可能"的经典口号再度响起，不仅是对品牌初心的回望，更预示着一场重要转型的开始——从传统运动装备供应商向"互联网+运动生活服务提供商"的蜕变。

2018年，李宁品牌以"悟道"为主题在纽约时装周惊艳亮相，这场秀不仅展现了运动与时尚的完美融合，更让世界见证了中国设计的崛起。中国李宁系列的推出，成功塑造了高端运动潮牌的新形象，让这个根植于中国的品牌在国际时尚圈掀起一波热潮。

2018年推出的超轻19跑鞋，由首席设计师孙京颐倾力打造，将东方文化元素与现代设计完美融合（图30-4）。

烈骏ACE系列跑鞋则由设计师张凤赫以20世纪90年代专业跑鞋为灵感而创作，展现了品牌的专业实力（图30-5）。

2019年，李宁开启"单品牌、多品类、多渠道"的创新战略。高端品牌LI-NING1990的推出和童装业务的扩张，让品牌版图不断扩大。即便在2020年疫情的考验下，李宁依然实现了逆势增长，这份成绩单印证了品牌战略的成功（图30-6）。

李宁在2019年纽约时装周上展示的BADFIVE系列，强调实用性与时尚性的结合，受到了年轻消费者的广泛欢迎（图30-7、图30-8）。

2021年，李宁品牌迎来具有里程碑意义的时刻——营收首次突破200亿元。这不仅是一个数字的突破，更是品牌实力的最好证明。

2022年，李宁品牌的研发投入再创新高，鞋类产品收入实现大幅增长。在香港开设的品牌旗舰店，不仅标志着品牌的国际化战略再下一城，更预示着更广阔的发展空间。同年，李宁携手Glare推出韦德李宁全城10"一体"（图30-9）。

图30-4 超轻19跑鞋

图30-5 烈骏ACE系列跑鞋

图30-6 AWDP779系列

图30-7 BADFIVE服饰系列

图30-8 BADFIVE战靴系列

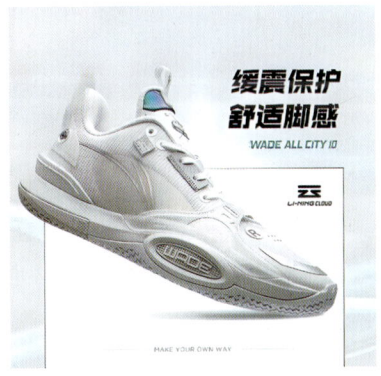

图30-9 2022年，携手Glare推出韦德李宁全城10"一体"

品牌鉴赏

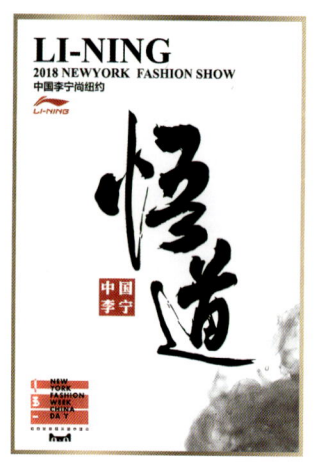

图30-10 李宁悟道系列

图30-11 品牌公益行动

步入2023年,李宁品牌在MSCI ESG评级中升至BBB级,展现了品牌在可持续发展道路上的坚定决心。这不仅是对品牌社会责任的认可,更是对其未来发展的信心背书。

2024年,这个充满东方神韵的运动时尚品牌正以更加自信的姿态拥抱未来。通过持续的渠道优化和店铺扩张,李宁在核心运动品类的市场占有率不断提升。从专业运动装备到高端时尚潮流,从线下实体到数字化转型,李宁正在书写着一个中国品牌的全新传奇。

在这个竞争激烈的全球市场中,李宁用创新的设计、专业的产品和深厚的文化底蕴,诠释着"一切皆有可能"的品牌精神。这不仅是一个运动品牌的成功转型,更是中国设计在世界舞台上的一次华丽蜕变。从体操王子到运动时尚帝国的缔造者,李宁正以更加开放和创新的姿态,续写着属于中国品牌的国际传奇(图30-10、图30-11)。

31. 例外(Exception)
品牌介绍

品牌创立期(1996-2007)

毛继鸿于1962年出生,在中国改革开放的大背景下成长,亲身经历了中国时尚行业的兴起与发展。他的父亲是一名大学教授,母亲是一位医生,良好的家庭环境为他提供了优质的教育基础。从小对艺术和设计充满热情的毛继鸿,在青年时期开始关注服装设计。

1984年,毛继鸿进入广州美术学院学习,为他日后的设计生涯奠定了坚实的基础。20世纪90年代初期,毛继鸿赴日本留学,深受日本简约设计风格的影响。这段经历对他后来的设计理念产生了深远的影响,他将日本的简约美学与中国传统文化相结合,形成了独特的设计风格。

1996年是毛继鸿事业的重要转折点。这一年，他与妻子马可共同创立了例外（Exception）品牌，并在广州开设了第一家店铺。例外这个品牌名称体现了毛继鸿希望打造一个不同于主流、独树一帜的中国设计师品牌的愿景。同年，马可开始担任例外品牌的设计总监，为品牌注入了新的创意活力。

在创立初期，例外品牌就面临着如何在保持设计理念的同时实现商业成功的挑战。毛继鸿和马可通过不断的探索和调整，成功地找到了平衡点。他们坚持使用高品质的天然材料，保留传统工艺，同时引入现代设计元素，创造出既有文化底蕴又符合现代审美的服装。这种独特的设计理念很快赢得了知识分子和艺术家群体的青睐，为品牌的后续发展奠定了基础（图31-1）。

1998年，毛继鸿推出了"一衣多穿"系列，这是例外品牌发展历程中的一个重要里程碑。该系列体现了毛继鸿对实用性和可持续性的重视，成为品牌的经典之作。"一衣多穿"系列引

图31-1　独特的设计理念赢得了知识分子和艺术家群体的青睐

入了可拆卸、多功能的创新设计，不仅满足了消费者对实用性的需求，也反映了品牌对环保和可持续时尚的早期探索（图31-2）。

2007年，例外品牌的设计总监马可推出了"无用之土地"系列。马可通过将服装埋入土中的方式，展现了时间与自然的力量对服装的影响。这个系列不仅是一次设计上的创新，更是对快时尚的反思和对可持续时尚的探索，引起了国际时尚界的广泛关注（图31-3）。

图31-2　1998年，毛继鸿推出了"一衣多穿"系列

图31-3　2007年，例外品牌的设计总监马可推出了"无用之土地"系列

品牌发展期（2008-2019）

2008年是例外品牌发展的转折点。这一年，品牌开始向生活方式品牌转型，将业务范围从单纯的服装设计扩展到家居、艺术、文化等多个领域。同年，设计师刘清平加入例外，负责"生活艺术馆"的设计。这标志着例外不仅仅是一个服装品牌，而是开始为消费者提供全方位的生活美学体验。

2010年，李晖加入例外，担任创意总监。李晖的加入为品牌注入了更多年轻和国际化的元素，同时保持了例外一贯的简约风格。这次人事变动反映了例外在保持品牌核心理念的同时，也在不断吸收新的创意力量，以适应不断变化的市场需求。

2014年至今，例外与坚持了150年的超细羊毛家族——爱默生家族合作，并邀请国内羊毛顶尖产业链参与，从加工、纺织、印花等工艺上进行创新，最终把细度仅有13.4微米的超细羊毛纤维制成衣物，并申请专利，为消费者提供有第二层肌肤美誉的微羊毛产品（图31-4）。

自2015年起，例外联手耶尔国际时装与摄影艺术节设置"例外"大奖，为国内外年轻设计师提供一个实验性创作平台及与行业先锋交流的机会，不少国内外优秀的设计师参与例外实验系列设计研发合作，共同推出联名系列产品。

例外2017春夏新装和二十周年经典款系列在方所书廊区发布。与中国国际时装周期间在北京华贸购物中心的首秀不同，模特的身姿掩映于书架间隙，与方所空间浓烈鲜明的艺文气息相互交织。2017男女新装延续"致敬宋文化"的精神内核，传递出明朗而有活力的气息；二十周年经典系列中例外经典材质、工艺、配色、版型等元素再现，与例外友人们重温感动，许下对未来的希冀。

品牌现阶段（2020至今）

2020年3月8日，例外发布了"自然女性"系列广告大片。这个系列包含了20余件单品，以例外经典的亚麻面料为主，尺寸从XS到XL，体现了品牌对不同体型消费者的关注（图31-5）。

图31-4 例外与坚持了150年的超细羊毛家族——爱默生家族合作

图31-5 2020年3月8日，例外发布了"自然女性"系列广告大片

2021年是例外品牌发展的重要一年，标志着其在多个领域的创新和拓展。4月22日，开云集团旗下的Kering基金会宣布与例外合作，共同推动可持续时尚发展。这次合作不仅提升了例外在国际时尚界的地位，也体现了品牌对环保和可持续发展的承诺。同年，在北京举办的首场可持续时尚论坛上，例外展示了其在环保材料和生产工艺方面的创新成果。

同年10月1日，例外迈出了数字化转型的重要一步，正式入驻天猫并开设官方旗舰店。这一举措不仅扩大了品牌的销售渠道，也使得例外能够更好地触达年轻消费群体。旗舰店上线了全系3000余款商品，涵盖了服装、家居用品等多个品类，充分展现了例外作为生活方式品牌的全面性。

2022年11月11日，例外在成都太古里举办了一场盛大的时装秀，推出了2023春夏系列。这是该品牌首次在成都举办大型时装秀，不仅展示了新季设计，也彰显了品牌对西南市场的重视。此次秀场选址具有标志性意义，太古里作为成都乃至西南地区的时尚地标，为例外提供了一个展示品牌实力和吸引高端消费者的绝佳平台。

进入2023年，例外继续在可持续时尚领域发力。年初，品牌推出了"无废时尚"系列，使用100%可回收材料制作服装。这一系列不仅在设计上保持了例外一贯的简约美学，更在材料选择和生产工艺上体现了品牌对环保的坚持，引发了业界广泛关注。

同年，例外还启动了与中国传统工艺大师合作的手工艺传承计划。这个项目旨在将传统手工艺融入现代设计中，既保护了濒临失传的工艺技术，又为例外的产品注入了新的文化内涵。这一举措不仅丰富了品牌的设计语言，也彰显了例外对中国传统文化的尊重和传承。

32. 盖娅传说（Heaven Gaia）品牌介绍

扫二维码看PPT

品牌创立期（2009-2015）

2009年，盖娅传说（Heaven Gaia）品牌由中国设计师熊英和王婷莹共同创立。品牌自创立之初就展现出强大的生命力，首次亮相于中国国际时装周。熊英将中国传统元素如刺绣、印花等与现代剪裁相结合的设计手法，为观众呈现了一场视觉盛宴，也奠定了品牌"中西合璧"的设计基调。这次亮相立即引起了业界的广泛关注，为品牌的未来发展奠定了坚实的基础。

2010—2015年，盖娅传说品牌经历了快速发展期，不断扩大其在国内外的影响力。这一时期，品牌多次在巴黎等国际时尚之都举办发布会，将中国设计带到了世界舞台。这些国际亮相不仅提升了品牌的知名度，也让更多人看到了中国设计师的创新能力和文化自信。品牌的成功不仅体现在其设计的独特性上，更在于它所传达的文化理念。熊英坚持以"发酵"后的东方美学为设计核心，既内敛含蓄，又气度不凡。

品牌发展期（2015-2019）

2015年，这一年标志着盖娅传说品牌在国际时尚界取得重大突破。国际流行音乐巨星Rihanna首次登上中国版《时尚芭莎》杂志封面，身着盖娅传说的服装。这一事件不仅大大提升了品牌的国际知名度，也证明了中国设计在全球时尚舞台上的影响力。Rihanna选择盖娅传说的服装，展示了品牌设计的国际吸引力，同时也反映出国际名人对中国设计师品牌的认可和支持。

2016年，盖娅传说在巴黎时装周初露锋芒，成功举办"圆明园·万缘之源"春夏系列大秀。

2017年巴黎时装周，盖娅传说再次大放异彩。中国古典文学中传颂不衰的"四大美人"（西施、杨贵妃、貂蝉、王昭君）"穿越千年"，以沉鱼落雁、闭月羞花之姿在巴黎歌剧院"重见天光"（图32-1）。

2018年，品牌开始涉足男装设计领域，这标志着盖娅传说在产品线上的重要扩展。这一决策不仅展现了品牌的多元化发展战略，也反映了其对市场需求的敏锐洞察。男装系列的推出为品牌带来了新的增长点，同时也为男性消费者提供了融合中国传统元素的时尚选择（图32-2）。

2018年，盖娅传说"画壁·一眼千年"2019春夏主题大秀如约登陆巴黎时装周。这场秀的灵感源自敦煌这个融合东西方文明的瑰丽宝库。设计师熊英通过对千年石窟壁画的深入研究，创造出了一系列具有浓厚敦煌特色的服装。这些作品不仅展现了古老文化的魅力，更将敦煌壁画的色彩和图案巧妙融入现代服装设计中，使每一件作品都仿佛承载着历史的故事。这场秀不仅是一次时装展示，更是一次文化传播，让观众在欣赏时尚的同时，感受到中国传统文化的深厚底蕴。

同年10月31日，盖娅传说在北京水立方举办了题为"合一戏韵·梦浮生"的主题年度收官大秀。这场秀选择在具有标志性意义的水立方举行，本身就彰显了品牌的高度和影响力。"戏韵"和"浮生"的主题展现了设计师对中国传统戏曲和人生哲学的思考，通过服装设计诠释了中国文化中的艺术美和人生观。这场秀不仅是对当年设计成果的总结，也为品牌未来的发展指明了方向。

品牌现阶段（2020至今）

2020年，尽管面临全球疫情的挑战，盖娅传说仍然保持着强劲的发展势头。这一年，品牌首次参与巴黎时装周成衣秀，这标志着盖娅传说正式进入国际高端时尚舞台。在巴黎的秀场上，盖娅传说向世界展示了中国设计的独特魅力，获得了国际时尚界的广泛关注和好评。这次亮相不仅提升了品牌的国际知名度，也为中国设计在全球时尚界赢得了更多的认可和尊重。

2021年，盖娅传说品牌迎来了一个重要的创作转折点。秋冬季，品牌推出了以"征途"为主题的系列，这一系列标志着设计师熊英对自然主题的深入探索。"征途"系列以对自然的热爱和敬畏为核心，通过服装设计诠释了人类与自然和谐共处的理念。

图32-1 2017年巴黎时装周

图32-2 男装设计图

在这一系列中，设计师巧妙地将大自然的壮美景象转化为可穿戴的艺术品。服装设计融入了土地、树木、岩石等自然元素的特征，通过精心选择的面料、色彩和剪裁，呈现出一幅幅动人的自然画卷。这一系列不仅展现了盖娅传说对环境保护的关注，也体现了品牌将传统文化与现代设计相结合的一贯理念（图32-3）。

2022年是盖娅传说品牌发展史上的又一个里程碑。这一年，品牌正式推出了融合中国传统元素的男装系列，标志着其产品线的重要扩展。这一决策不仅展现了品牌的多元化发展战略，也反映了其对市场需求的敏锐洞察。

男装系列的设计延续了盖娅传说一贯的东方美学风格，但在剪裁和款式上更加注重实用性和现代感。设计师熊英巧妙地将中国传统服饰元素，如盘扣、立领等，与现代西装的剪裁相结合，创造出既有文化底蕴又符合当代审美的男装作品。这一系列的推出不仅为品牌带来了新的增长点，也为男性消费者提供了融合中国传统元素的时尚选择，进一步扩大了盖娅传说的市场影响力。

2023年是盖娅传说品牌在国际舞台上大放异彩的一年。这一年，品牌在国内外多个重要时装周上展示了其最新作品，进一步巩固了其在高端时装领域的地位。

2023年3月18日，盖娅传说参加了春夏中国国际时装周，并举办了以"天外"为主题的2023秋冬系列发布会。这场秀以中国传统文化中的天文观念为灵感，通过服装设计展现了中国古人对宇宙的认知和想象。设计师熊英通过精妙的剪裁和独特的面料运用，将星空、银河等元素融入服装中，创造出一系列既有科幻感又不失东方韵味的作品。

同年，盖娅传说的秋冬系列以"华夏印象"为主题亮相巴黎时装周。这次国际亮相不仅提

图32-3 "征途"系列

升了品牌的全球知名度，也让世界看到了中国设计的独特魅力。"华夏印象"系列巧妙地将中国传统水墨画元素融入现代服装设计中，通过黑白灰的色彩搭配和流畅的线条，展现出一种典雅而又现代的美感。这次秀获得了国际时尚界的高度评价，进一步确立了盖娅传说在国际高端时装领域的地位。

盖娅传说品牌在短短几年间迅速崛起，不仅在国际时装舞台上崭露头角，更得到了众多国内外名人的青睐。这些名人穿着盖娅传说的设计亮相各大场合，不仅为品牌带来了巨大的曝光度，也印证了其设计的国际化水准和文化魅力。

娜丁·拉巴基，《何以为家》（又译《迦百农》）的导演，曾在国际电影节上身着盖娅传说的设计亮相。这位黎巴嫩导演对盖娅传说的选择，展现了品牌的设计不仅受到国内欢迎，更获得了国际艺术界人士的认可，彰显了其跨文化的审美价值。

2024年是盖娅传说品牌成立15周年的里程碑之年。为庆祝这一重要时刻，品牌推出一系列特别展览，不仅回顾其15年的发展历程，更展望未来的发展方向。这些展览全面展示了盖

图32-4 品牌宣传海报

娅传说从一个新兴本土设计师品牌成长为代表中国时尚的国际力量的过程,同时也呈现了品牌对中国传统文化传承与创新的不懈追求。

近年来,特别是2020年后,盖娅传说在多个领域展现出强劲的发展势头:

首先,品牌持续加强国际市场的开拓力度。除了定期参与巴黎时装周外,盖娅传说还积极在纽约、米兰等国际时尚之都举办展览和快闪店活动。这些国际化举措不仅提升了品牌的全球知名度,也为中国设计在世界舞台上赢得了更多认可和尊重。通过这些活动,盖娅传说成功将中国传统文化元素以时尚的方式呈现给全球观众,成为中国文化软实力的重要载体(图32-4)。

其次,品牌积极拥抱数字化转型。随着科技的快速发展,盖娅传说敏锐地把握住了数字化趋势,推出了一系列创新服务。其中,虚拟试衣服务的推出,不仅提升了顾客的购物体验,也展现了品牌对科技与时尚结合的前瞻性思考。这种数字化转型不仅优化了品牌的运营效率,更吸引了大量年轻消费者的关注,为品牌注入了新的活力。

最后,盖娅传说在虚拟世界中的探索尤为引人注目。品牌在元宇宙平台上举办虚拟时装秀,这一创新之举不仅展现了品牌对新兴技术的敏感度,也开辟了时装展示的新途径。通过虚拟时装秀,盖娅传说成功打破了地域限制,让全球观众都能沉浸式地体验中国设计的魅力,这无疑为品牌在国际市场的拓展提供了新的可能性。

参考文献

[1] 大卫·奥格威，高志宏.奥格威谈广告[J].商学院，2021，(07):120.

[2] 潘石.社会主义市场经济理论研究的一部力作——评杨欢进教授《社会主义市场经济理论专题研究》[J].税务与经济（长春税务学院学报），2004，(03):80.

[3] 姚咏梅.凯文·莱恩·凯勒：透过客户看市场[J].企业家，2023，(11):81-85.

[4] 王梦涵，胡迅.香奈儿品牌识别下经典产品的延续与多样性分析[J].服装设计师，2025，(03):115-120.

[5] 金枝，方艺澄.迪奥"New Look"服装的创新设计思考[J].网印工业，2025，(04):36-38.

[6] 葛星岑."复古"在流行音乐中的创新意义——以歌曲 *Versace On The Floor 24 K Magic* 为例[J].当代音乐，2022，(10):103-105.

[7] 黄霞.服装品牌博柏利的设计管理研究[J].西部皮革，2022，44(08):67-69.

[8] 韩晓田，康洁平.符号学视角下时尚品牌与艺术跨界融合动因分析——以路易威登为例[J].山东纺织经济，2024，41(07):27-31.

[9] 王垚垚.Celine女装营销策略优化研究[D].华东师范大学，2024.

[10] Iwan Baan，Bas Princen，Charlie Koolhaas，等.普拉达基金会艺术中心意大利米兰[J].世界建筑导报，2022，37(03):98-101.

[11] 蒋济亘，胡丽莎.三宅一生的服装色彩中所蕴含的日本传统美学[J].服装设计师，2023，(06):96-100.

[12] 毛婉平，李正.山本耀司的服饰美学与反时尚风格理念[J].西部皮革，2022，44(23):99-101.

[13] 孟越，董俊磊.基于财务指标分析李宁公司问题及对策[J].河北企业，2025，(06):94-97.

[14] 陆凡.当代华服中民族元素的设计应用研究与创新实践[D].浙江科技学院，2021.